Discover ZÜRICH LIKE A NEW local

Guide Me

WWW.GUIDEME.CH GUIDEME_TRAVEL

Inhalt

LOW $ BUDGET
PICKNICK-SPOT PICKNICK-SPOT
FOTO TIPP FOTO TIPP
Überall im Buch.
Von mir für dich!

ALTSTADT WEST

ALTSTADT OST

NORDOSTEN

AM ZÜRICHSEE

WESTEN

Hello
Das bin ich

LARISA TOPALO

Mein liebster Ort in Zürich? Die Bahnhofstrasse! Hier schlägt das Herz Zürichs – und kein Sommer ohne Badibesuch.

Mein Zürcher Lieblingsgericht?

Raclette auf dem Weihnachtsmarkt

3 Dinge, die du auf deinem Zürich-Trip unbedingt dabei haben solltest:

- ☐ Bikini
- ☐ Kamera
- ☐ Sneakers

Meine Lieblingsfarben

Hallo, ich bin Larisa und lebe seit 2017 in Zürich.
Ich bin der Liebe wegen hierhergezogen und habe als kreatives Ventil den Blog „Just moved to Switzerland“ gestartet.
Für mich als Autorin und Kommunikationsexpertin lag das nahe und es half mir auch, die Höhen und Tiefen, die das Leben hier mit sich bringt, zu verarbeiten.
Ich hatte ursprünglich nie geplant, nach Zürich zu ziehen. Anfangs fühlte sich vieles fremd an, ich kannte niemanden. Daher verbrachte ich viel Zeit damit, mit meinem Telefon durch die Straßen zu streifen, die Stadt kennenzulernen und zu versuchen eine Verbindung zu ihr aufzubauen.
Das Zürich, wie es sich viele Leute vorstellen – kalt, teuer, voller Banker – repräsentiert nicht die wirkliche Atmosphäre der Stadt.
Für mich ist Zürich: Drinks auf Dachterrassen im Sommer, Badi-Besuche während der Mittagspause, Spaziergänge auf Kopfsteinpflasterstraßen während Kirchenglocken läuten, Apéros mit Freunden, Vormittage im Museum, Schaufensterbummel auf der weihnachtlich geschmückten Bahnhofstrasse und die ruhige Energie der Stadt.
Zürich ist hipper, kreativer und entspannter, als man erwarten würde - und genau das ist das Zürich, das ich euch zeigen möchte.
Nach vier Jahren bin ich hier „angekommen“. Für mich ist es ein besonderer Moment, euch „mein Zürich“ vorstellen zu dürfen. Ich hoffe, ihr habt hier eine großartige Zeit und verliebt euch auch in die Stadt!

Und jetzt kommt mit, ich zeige euch Zürich!

WWW.JUSTMOVEDTOSWITZERLAND.COM JUSTMOVEDTOSWITZERLAND

Limmat
Nord
Flussbad Unterer und Oberer Letten
Frau Gerolds Garten
Josefwiese
europa allee
Polyterrasse
Gelati Tellhof
Sprüngli
BEST RACLETTE IN TOWN
Raclette Factory
Westen
BARBAR
Vintage Store
Bauschänzli
John Baker
Nooba
POUSHE STRUDEL
Poushe Strudel
Schiffahrt Zürichsee
Rote Fabrik
Zürichsee

ZÜRICH
Bucket List

Alle Highlights sind im Buch mit einem ✱ gekennzeichnet.

BLOSS NICHT VERPASSEN!

- ○ SCHIFFSRUNDFAHRT
- ○ CONFISERIE SPRÜNGLI
- ○ BAUSCHÄNZLI
- ○ POLYTERRASSE
- ○ WO GIBT'S DAS BESTE RACLETTE?
- ○ JOHN BAKER
- ○ UNTERE UND OBERE LETTEN
- ○ NOOBA
- ○ ROTE FABRIK
- ○ POUSHE STRUDELHAUS
- ○ BARBAR VINTAGE
- ○ FRAU GEROLDS GARTEN
- ○ EUROPAALLEE
- ○ JOSEFWIESE
- ○ GELATI TELLHOF

TO BE CONTINUED...

- ○ ....
- ○ ....
- ○ ....
- ○ ....
- ○ ....
- ○ ....
- ○ ....
- ○ ....

VOR DEINER REISE

NICHT VERGESSEN – schalte auf dem Handy das Roaming aus! Die Schweiz gehört nicht zur kostenlosen Roamingzone. Dafür gibt es überall Hotspots in der Stadt.

WÄHRUNG – Schweizer Franken (CHF/sFr), in Rappen unterteilt.

TRINKWASSER – die zahlreichen Brunnen spenden übrigens frisches Trinkwasser (höchste Qualität, verspricht die Stadt!).

WICHTIGE TELEFONNUMMERN
VORWAHL +41
NOTFALL 112

ERMÄSSIGUNGEN – Die ZürichCARD berechtigt zu Fahrten in Tram, Bus, Bahn, Schiff und Seilbahn. Zudem gewährt sie freien Eintritt in 41 Museen und etliche Clubs sowie Vergünstigungen in diversen Läden und Restaurants.
Die Museen der Uni Zürich sind kostenlos und meist super modern! In der ETH Zürich lockt das „Focus Terra" mit Sonderausstellungen und einem Omniglobe, in dem auf Knopfdruck Tsunamis und Erdbeben simuliert werden können.

UNTERWEGS
AUTO – Für die Fahrt auf Schweizer Autobahnen benötigst du eine Vignette. Unbedingt die Verkehrsregeln beachten – Verstöße werden in der Schweiz besonders teuer geahndet. Im Stadtkern sind die Parkplätze sowohl rar als auch gebührenpflichtig. Also am besten außerhalb des Zentrums parken (Parkleitsystem) und die öffentlichen Verkehrsmittel benutzen.
BUS UND BAHN – Das Netz öffentlicher Verkehrsmittel, vor allem Straßenbahn und Bus, ist sehr gut ausgebaut und engmaschig. Infos unter www.zvv.ch.
TAXI UND TAXIBOOT – Taxifahren ist teuer und unüblich in Zürich. Zudem haben die Taxen hier kein einheitliches Aussehen. Auf der Limmat und dem Zürichsee gibt's aber auch Taxiboote (www.wassertaxi.ch).
FAHRRAD – Unter dem Motto „Züri rollt" gibt es an weiß-grünen Buden an mehreren Stellen in der Stadt, kostenlose Leihfahrräder, Skate- und Kickboards. Stadtrundfahrten bucht man unter www.zurichbybike.ch.

STROM – Schweizer Stecker haben drei Stifte. Schmale Eurostecker funktionieren auch, runde Stecker aber nicht.

LINKS
USGANG.CH – DIE Event-Seite der Schweiz.
MYSWITZERLAND.COM – Schweiz Tourismus versorgt dich mit allen aktuellen Infos von Hotels & Touren bis zur Schneelage.
WWW.ZUERICHUNBEZAHLBAR.CH – Gratiskonzerte und Events

Schwyzerdütsch

Tipp 1: Nach jedem Satz fragt man „odr?" – selbst bei Aussagesätzen wie: Ich habe Hunger, odr?

Tipp 2: Das „ch" wird grundsätzlich hart ausgesprochen und weit hinten im Rachen geformt, sodass eine Art Schnarchlaut entsteht.

Tipp 3: Die Verniedlichungsform lautet nicht „-chen" sondern „-li" – also Blümli, Lädeli, Mädli usw.

Grüezi (mitenand)	**Guten Tag (mehrere Personen)**
Sali	**Hallo/Hi**
Merci	**Danke**
Znüni	**Zweites Frühstück (gegen 9 Uhr)**
Natel	**Handy**
Müntschi	**Kuss**
Schnuderlumpe	**Taschentuch**
Hitzgi	**Schluckauf**
Chrüsimüsi / Puff	**Durcheinander**
Badi	**Schwimmbad**
Billett	**Fahrschein**
Cüpli	**Glas Sekt**
e Stange/e Grosses	**ein kleines Bier/ein grosses Bier**
Kafi fertig	**Kaffee mit Schnaps**
Zigi	**Zigarette**
Gipfeli	**Hörnchen/Croissant**
höckeln	**beisammen sitzen**
alüten	**anrufen**
zmörgele	**gemütlich frühstücken**
lädelen	**shoppen**
schloten	**rauchen**
bitzeli	**ein wenig**
Gopferdami	**Fluchwort**
Lööli oder Schofseggl	**Schimpfwort**
I ga i Usgang.	**Ich gehe weg. (am Abend)**
I bi käppelet.	**Ich bin betrunken.**

REISE-KNIGGE

UNBEDINGT VERMEIDEN!

Auf keinen Fall solltest du …

… das Grüezi vergessen! Ob in einem Geschäft, beim Einsteigen in den Zug oder wo auch immer im Alltag – sage einfach Grüezi.

… Hektik verbreiten! Es stimmt: Schweizer leben ihr Leben mit mehr Ruhe. Also: slow down und genieße deinen Urlaub.

… zu spät kommen! Pünktlich zu sein ist eine Schweizer Tugend. Restaurant-Reservierungen verfallen oft nach15 Minuten.

… den Namen des Gegenübers vergessen! Hierauf reagieren einige Schweizer etwas pikiert.

… ein Küsschen zu wenig geben! Dreimal heißt die Devise, links, rechts, links. Das gilt aber nur für Freunde und gute Bekannte.

… deinen Abfall einfach irgendwo liegen lassen! Also z. B. nach einem Picknick alles wieder mitnehmen.

… zu schnell fahren! Schon 1 Stundenkilometer mehr als erlaubt kostet 40 Franken, bei 11 sind es 250 Franken!

… die „deutsche Art" raushängen lassen! Darunter versteht man hier, forsch, direkt, besserwisserisch oder gar arrogant aufzutreten.

THEATER NEUMARKT
HIER
HIER
SECOND
HIER
WeinKultur
Schnapskultur
Milch

ZÜRICH Altstadt West

Bunte historische Häuser, die Limmat, der See und der Schanzengraben – die Altstadt West hat viele malerische Seiten. Gleichzeitig pulsiert hier das City-Life: Genieße es z. B. irgendwo an einem der vielen Ufer oder in einer Badi, wenn sich abends die Lichter der Stadt auf dem Wasser spiegeln. Oder gib dich einem ausgiebigen Shopping-Trip hin auf einem der zahlreichen Märkte oder der beliebten Bahnhofstrasse.

ERLEBNISHIGHLIGHTS

ALTSTADT WEST

> **DRINKS IN DER FRAUENBADI**

> **RADDAMPFER-RUNDFAHRT**

> **PICKNICK AM LINDENHOF**

> **SHOPPING BREAK BEI HILTL**

> ....

> ....

> ....

Hallo Zürich! Und hinein ins Getümmel!

ÜBERSICHTSPLAN

Altstadt West

SEHENSWERTES

1 ST. PETERSKIRCHE & PLATZ
2 ZÜRCHER FRAUENBADI & BARFUSSBAR
3 SCHIFFSRUNDFAHRT
4 DIE HILTL WELT
5 LINDENHOF
6 AUGUSTINERGASSE
7 WEIHNACHTEN IN ZÜRICH

PARKS

8 PLATZSPITZ
9 SCHANZENGRABEN

ESSEN & TRINKEN

10 CONFISERIE SPRÜNGLI
11 RIMINI BAR
12 JUICERY 21
13 MILCHBAR
14 OLD CROW COCKTAIL BAR
15 ROOFTOP RESTAURANT
16 ROOTS AND FRIENDS
17 GEORGE BAR
18 STORCHEN BAR
19 REITHALLE
20 BABU'S BAKERY & COFFEEHOUSE
21 BAUSCHÄNZLI

SHOPPING

22 BÜRKLIPLATZ: WOCHEN- UND FLOMARKT
23 BAHNHOFSTRASSE & PARADEPLATZ
24 COOP CITY & SCHWEIZER HEIMATWERK
25 SHOPVILLE

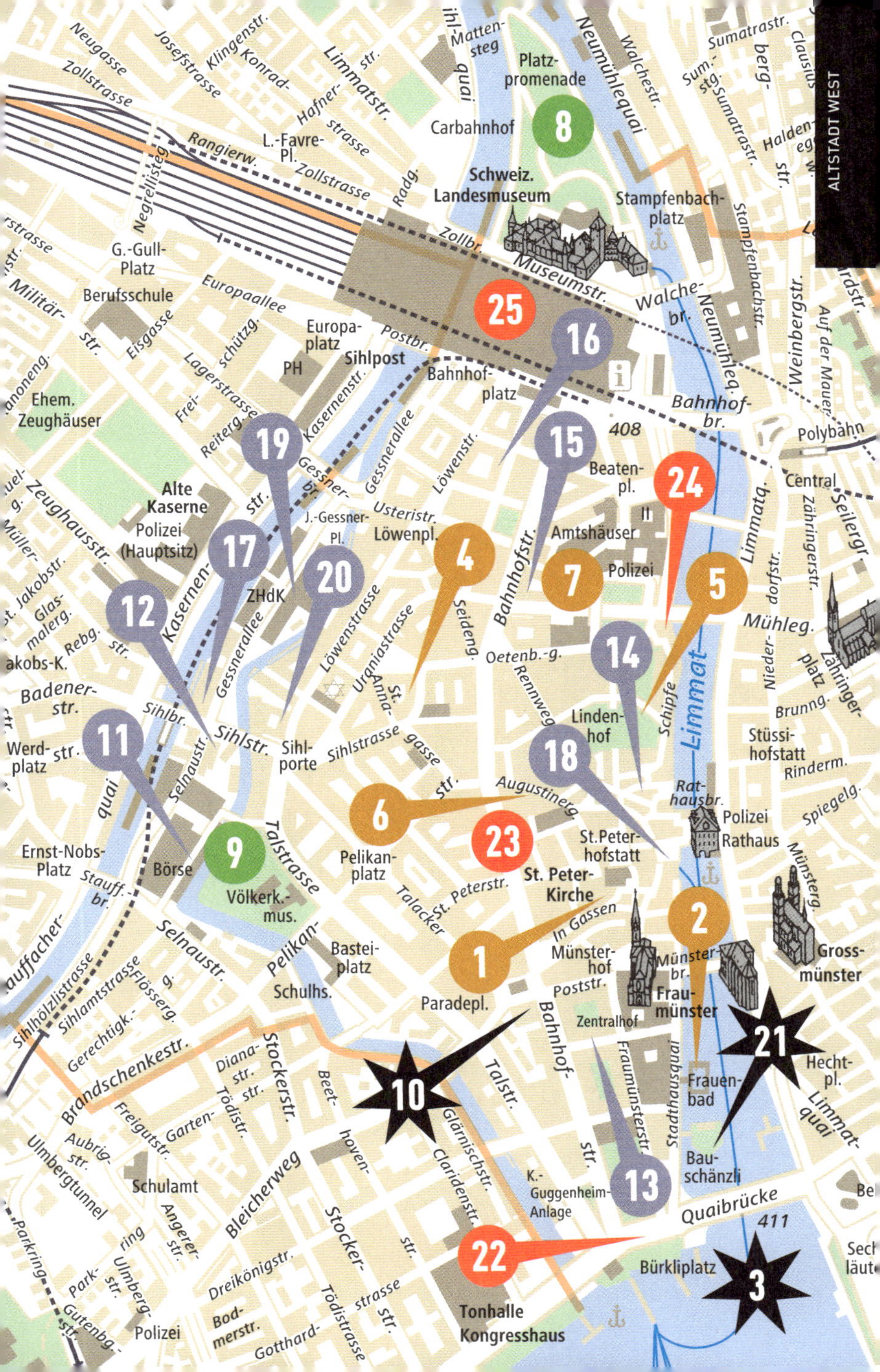
Neugasse
Zollstrasse
Josefstrasse
Klingenstr.
Konrad-
Limmatstr.
Hafner-strasse
Matten-steg
quai
Platz-promenade
Neumühlequai
Walchestr.
Sumatrastr.
berg-
Clausius
Carbahnhof
8
Rangierw.
L.-Favre-Pl.
Zollstrasse
Radg.
Schweiz. Landesmuseum
Stampfenbach-platz
Halden-
Negrellisteg
Zollbr.
Museumstr.
Walche-br.
Neumühleq.
Stampfenbachstr.
Weinbergstr.
Auf der Mauer
G.-Gull-Platz
Berufsschule
Europaallee
Militär-str.
Eisgasse
Lagerstrasse
schützg.
Europa-platz
Postbr.
Sihlpost
PH
25
16
Bahnhof-platz
Bahnhof-br.
Polybahn
Central
Seilergr.
Ehem. Zeughäuser
Frei-
Reiterg.
Kasernenstr.
Gessner-br.
Gessnerallee
Löwenstr.
408
15
Beaten-pl.
24
19
Alte Kaserne
Polizei (Hauptsitz)
Zeughausstr.
J.-Gessner-Pl.
Usteristr.
Löwenpl.
4
Amtshäuser
Polizei
7
5
Limmatq.
Zähringerstr.
Bahnhofstr.
Mühleg.
17
20
ZHdK
12
Kasernen-str.
Glas-malerg.
Rebg.
Gessnerallee
Löwenstrasse
Uraniastrasse
Seideng.
Oetenb.-g.
14
Nieder-dorfstr.
Zähringer-platz
Badener-str.
Sihlbr.
St. Anna-gasse
Rennweg
Schipfe
Limmat
Linden-hof
Brunng.
Stüssi-hofstatt
Rinderm.
11
Werd-platz
Sihlstr.
Sihl-porte
Sihlstrasse
18
Rat-hausbr.
Polizei Rathaus
Spiegelg.
quai
Selnaustr.
Augustinerg.
6
23
St. Peter-hofstatt
Ernst-Nobs-Platz
Stauff.-br.
Börse
9
Völkerk.-mus.
Talstrasse
Pelikan-platz
Talacker
St. Peterstr.
St. Peter-Kirche
In Gassen
2
Münsterg.
Gross-münster
Selnaustr.
Pelikan-
Bastei-platz
1
Münster-hof
Münster-br.
Poststr.
Frau-münster
Sihlhölzlistrasse
Sihlamtstrasse
Flösserg.
Gerechtigk.-
Schulhs.
Paradepl.
Bahnhof-str.
Zentralhof
Brandschenkestr.
Diana-str.
Tödistr.
Stockerstr.
Beet-hoven-
10
Talstr.
Fraumünsterstr.
Stadthausquai
Frauen-bad
21
Hecht-pl.
Limmat-quai
Freigutstr.
Garten-str.
Glärnischstr.
Claridenstr.
Aubrig-str.
Ulmbergtunnel
Schulamt
Bleicherweg
K.-Guggenheim-Anlage
13
Bau-schänzli
Quaibrücke
411
Angerer-str.
Stocker-str.
22
Bürkliplatz
3
Park-ring
Parkring
Ulmberg-str.
Dreikönigstr.
Tödistrasse
strasse
Gutenbg.-str.
Polizei
Bod-merstr.
Gotthard-
Tonhalle Kongresshaus

SEHENSWERTES

1. ST. PETERSKIRCHE & PLATZ

Wer Zürich besucht, kann den Turm der St. Peterskirche allenfalls mit Absicht übersehen – fast überall in der Stadt sind er und das riesige Zifferblatt der Turmuhr (Durchmesser: 8,7 Meter!) sichtbar. Interessant sind die Besitzverhältnisse: Der Turm (aus dem 14. Jh.) gehört der Stadt, das barocke Kirchenschiff (1706 eingeweiht) der Kirchengemeinde. Es lohnt auch, einen Blick hinein zu werfen, für die meisten Besucher ist die eigentliche Attraktion aber wohl der kopfsteingepflasterte Platz drumrum. **In der Mitte von St. Peterhofstatt (so heißt der Platz) steht eine wunderschöne alte Linde mit einer Sitzbank drumherum – ideal für eine Picknick-Pause oder ein kleines Fotoshooting.** Lass den Blick über die hübschen Wohnbauten mit ihren bunten Fensterläden schweifen, über die breite Freitreppe und St. Peter dahinter – malerischer geht es in Zürich nicht!
Der Platz ist übrigens nur über schmale Gassen erreichbar, z.B. die Weggen- und die Robert-Walser-Gasse, und deshalb etwas versteckt.

St. Peterhofstatt 1 | Tram: Rennweg

Von der lauschigen St. Peterhofstatt aus lässt sich die Altstadt toll erkunden!

2. ZÜRCHER FRAUENBADI & BARFUSSBAR

Der wahre Luxus der Schweiz? Fast alle Seen und Flüsse haben Trinkwasserqualität. Das gilt auch für Zürichsee und Limmat, was Zürich zu einer richtigen „Badi"-Metropole (so heißen Schwimmbäder in der Schweiz) macht. Allein an der Limmat gibt es fünf. Die Frauenbadi ist ganz besonders: Sie bietet traumhafte Ausblicke auf die Stadt, zwei Schwimmbecken mit frischem Flusswasser, auf den Holzplanken des riesigen Liegedecks viel Platz zum Sonnenbaden an heißen Sommertagen. Das Ganze in einer denkmalgeschützten, wunderschönen Jugendstil-Anlage, die ausschließlich für uns Frauen reserviert ist. Ich liebe es, in der Mittagspause hierher zu kommen (man kann ein paar kalte Gerichte am Kiosk kaufen oder sein eigenes Essen mitbringen) und zu essen, zu schwimmen, mich zu bräunen, zu lernen. An drei Abenden in der Woche verwandelt sich die Badi übrigens in die „Barfussbar" mit Livekonzerten, Openair-Disco und mehr. Dann sind hier auch Männer zugelassen.

Stadthausquai 12 | Tram: Paradeplatz

FOTO TIPP

Ein Erlebnis für die Sinne ist es, Zürich vom Wasser aus mit einem der nostalgischen Raddampfer zu bestaunen. Dabei ergeben sich tolle Foto-Perspektiven!

3. SCHIFFSRUNDFAHRT

Ein Mini-Urlaub, ohne weit zu fahren? Steig einfach in ein Schiff und fahr über den Zürichsee, das gehört hier sozusagen zum Pflichtprogramm. Es gibt mehrere Routen, die kürzeste Fahrt dauert 1,5 Stunden, die längste 4 Stunden. Wenn du einen halben Tag hast, empfehle ich dir, die große Rundfahrt nach Rapperswil und zurück zu wählen – dabei siehst du den größten Teil des Sees, die Weinberge, Villen und die kleinen Städte an seinen Ufern, kannst eine Menge Fotos schießen und – das Beste! – bist mit einem der beiden historischen Raddampfer (Baujahre: 1909/1914) unterwegs. Aber auch die 1,5-stündige Rundfahrt nach Thalwil und Erlenbach lohnt – lass dir die Seeluft durch die Haare wehen, während du an Zürichs sogenannter „Goldküste" entlangschipperst, wo viele Reiche und Promis ihr Zuhause haben.

Schiffsteg Bürkliplatz | Tram: Bürkliplatz

BUCKET LIST
Schiffsrundfahrt

Zeichne ein, welche Strecke du genommen hast.

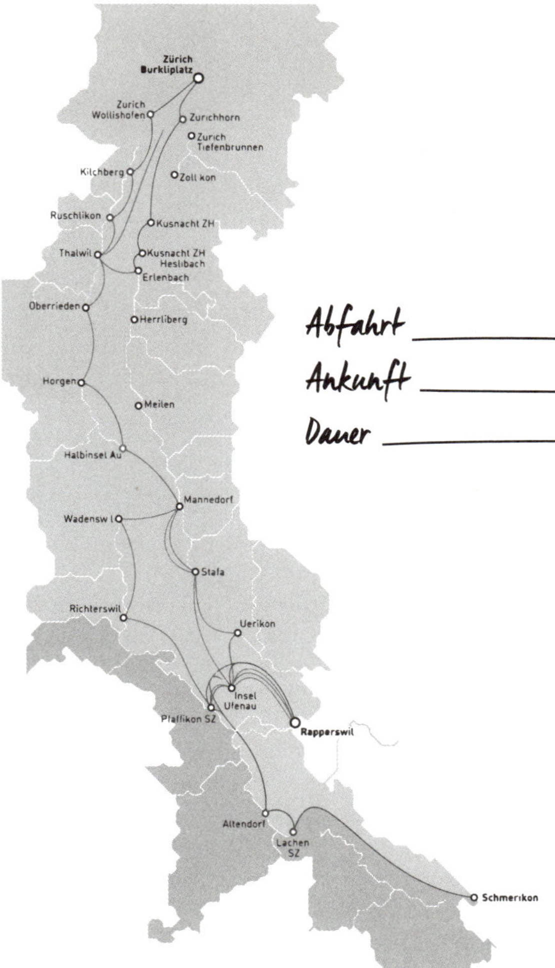

Abfahrt ______________________

Ankunft ______________________

Dauer ______________________

4. DIE HILTL WELT

Wer hat's erfunden? Für die vegetarische Küche lautet die Antwort: Ambrosius Hiltl, im Jahr 1898, in Zürich. Dort hat der gebürtige Bayer damals nämlich das „Vegetarierheim und Abstinenz-Café", das erste vegetarische Restaurant der Welt eröffnet. Anfangs hatte man es nicht leicht, die Gäste wurden als „Grasfresser", das Restaurant selbst als „Wurzelbunker" verunglimpft. Heute steht es immer noch, heißt „Haus Hiltl" und ist das Stammhaus mehrerer Dépendancen in Zürich. Sogar eine vegetarische Metzgerei, in der man fleischlose Delikatessen (unbedingt die Seitan-Spieße probieren!) einkaufen kann, gibt es.

Bis heute ist das Haus in Händen der Familie Hiltl, aktuell wird es von Ambrosius' Urenkel Rolf Hiltl geführt und hat ein absolut hippes Image – aus heroischem Fleischverzicht ist lustvolles Verweigern bei Feinschmeckerkost und gern auch einem Glas Wein oder Bier geworden.

Bevor oder nachdem du dich durch das unglaubliche Buffet gefuttert oder à la carte gegessen hast, musst du im

In der Hiltl Akademie kannst du tolle vegetarische & vegane Kochkurse besuchen, an zahlreichen Seminaren teilnehmen oder eine Ernährungsberatung machen!

TIPP

Shopping Break in der Bahnhofstrasse? Nimm in der Nr. 88 den gläsernen Lift hinauf zur Hiltl Dachterrasse und genieße die Aussicht bei vegetarischen Köstlichkeiten & kühlem Getränk.

Haus Hiltl unbedingt einen Blick ins erste Stockwerk werfen. Dort, immer noch im Restaurantbereich, findet sich eine elegant präparierte Bibliothek mit etwa 400 Büchern rund ums Kochen und Speisen. Wenn du also Inspirationen für ein mehrgängiges Menu suchst, lass dich dort mit einem Latte Macchiato oder einem Glas Wein nieder, blättere durch die Küchen der Welt – du hast die Qual der Wahl. Die Bibliothek ist übrigens auch ein toller Ort für coole Fotos!

Haus Hiltl | Sihlstrasse 28

Hiltl Sihlpost | Europaallee 1A

Hiltl Dachterrasse | Bahnhofstrasse 88

Hiltl Langstrasse | Langstrasse 84

Hiltl Take Away im Jelmoli | Seidengasse 1

Die Hiltl Pflanzbar | Talstrasse 62

Das Hiltl am Strand – Strandbad Mythenquai (nur im Sommer) | Mythenquai 95

Hiltl am See im Seebad Kilchberg (nur im Sommer) | Seestrasse 205 | 8802 Kilchberg am Zürichsee

Die Hiltl Akademie (Yoga mit anschließendem Hiltl-Lunch) | Sihlstrasse 24

PICKNICK-SPOT

TIPP
Bring etwas Picknickproviant mit (z. B. Getränke und Snacks aus dem COOP an der Bahnhofstrasse), nimm Platz auf dem Sims und schau zu, wie die Stadt unter deinen Füssen pulsiert.

5. LINDENHOF

Kein Zürich-Trip ist komplett ohne vom Lindenhof, dem Hügel im gleichnamigen kleinsten Quartier Zürichs, ein paar Fotos geschossen zu haben. Um hierher zu gelangen, musst du ein paar Stufen erklimmen, aber der Postkartenblick auf die bunten Häuser, die sich entlang der blauen Limmat drängen, ist die Mühe mehr als wert. Am besten kommst du früh morgens, wenn die Sonne die Szenerie in warmes Licht taucht, oder in der Abenddämmerung, wenn zwar schon die Lichter angehen, es aber noch hell genug ist, um die Aussicht zu genießen. **Ganz nebenbei: Eine tolle Szenerie für einen Kuss … und ein Foto davon!**

Ich liebe es, im Herbst hierher zu kommen, wenn die Blätter der Linden sich gefärbt haben, oder wenn es schneit – es hat etwas Märchenhaftes zuzusehen, wie Schneeflocken über diesem Panorama schweben.

Lindenhof | Tram: Rennweg

6. AUGUSTINERGASSE

Diese historische Gasse ist so instatauglich wie die Zürcher Altstadt nur sein kann – und zwar das ganze Jahr über. Ich empfehle sie besonders an einem Sommertag, wenn die Restaurants und Geschäfte geöffnet sind, die mit weißen Schürzen bekleideten Kellner bergeweise Teller mit Pasta servieren und die Touristen unter den vielen Schweiz-Flaggen und hübschen bunten Erkern Selfies auf dem Kopfsteinpflaster schießen. Mit etwas Glück erwischst du einen Tag, an dem die Floristen von Blumen Fitze – dem seit 1936 hier ansässigen kleinen Blumenparadies in historischem Gebäude – den alten Brunnen vor dem Laden mit Rosen füllen.

Augustinergasse | Tram: Rennweg

FOTO TIPP FOTO TIPP

Am besten fotografierst du die Gasse gleich am Anfang (von der Bahnhofstrasse kommend). Aber lauf unbedingt bis zu ihrem Ende – der Brunnen und die kleinen Gassen, die von dort abzweigen, sind ebenfalls tolle Motive!

7. WEIHNACHTEN IN ZÜRICH

Du bist in der Advents- und Weihnachtszeit in Zürich? Dann darfst du folgende fünf Highlights nicht verpassen:

„WIENACHTSDORF" AM BELLEVUE

Der größte Weihnachtsmarkt in Zürich (über die Stadt verteilt gibt es eine ganze Reihe) ist ein Muss. Hier kannst du süße Souvenirs kaufen und an den vielen Ständen, die den Platz vor dem Opernhaus säumen, weihnachtliche Köstlichkeiten probieren. Ich versuche immer, einen Tisch direkt unter dem großen Weihnachtsbaum zu ergattern, und gönne mir dann einen Becher Glühwein und ein Raclette. An sehr kalten Abenden oder bei Regen bietet die Hütte mit dem Kamin (hier kannst du auch richtig zu Abend essen) warme, trockene Plätze. Wer mag, hält sich auf der kleinen Eisbahn warm.

ILLUMINARIUM – LICHTFESTIVAL IM LANDESMUSEUM

In der Vorweihnachtszeit wird der Innenhof des Landesmuseums zu einer Winter-Wunderwelt: Im vorderen, frei zugänglichen Bereich zaubern Lichter, Musik und kulinarische Angebote eine magische Atmosphäre – in der Cocktailbar gibt's sogar illuminierte Getränke! Im hinteren Teil des Innenhofs erwartet dich eine zauberhafte Illuminations-Show. Ob vorn oder hinten – dies ist eine wunderschöne Szenerie und einzigartige Atmosphäre, um mit Freunden zu essen (z.B. Fondue, rechtzeitig buchen!) und zu trinken.

BAHNHOFSTRASSE

Seit 2010 spannt sich in der Weihnachtszeit ein künstlicher Sternenhimmel über die Bahnhofstrasse: Fast 12 000 Kristalle und über 20 000 Lichter zaubern auf 1 km Länge ein

Abendstimmung im „Wienachtsdorf"

Illuminarium

„Lucy" versüßt dir das Weihnachtsshopping und kreiert eine romantische Fotokulisse!

schneeflockenähnliches Lichterdach über die Einkaufsmeile. „Lucy" heisst diese Weihnachtsbeleuchtung, ein Sternenmeer, das eine magische Stimmung heraufbeschwört. Nimm dir unbedingt die Zeit, um darunter zu flanieren und die vielen exquisit geschmückten Schaufenster zu bewundern. **Und dann solltest du noch in die Werdmühlestrasse einbiegen. Sie führt zu dem kleinen, gemütlichen Weihnachtsmarkt auf dem Werdmühleplatz. Hier erwartet dich eine einzigartige lokale Show: der singende Weihnachtsbaum!**

CAFÉ-HOPPING

Überall in Zürich verwandeln sich zur Weihnachtszeit Cafés in funkelnde, festliche Räume – total instagrammable und perfekt für eine gemütliche Pause mit heißer Schoki. Ich empfehle die Confiserie Sprüngli an der Bahnhofstrasse, das Café Schober im Amüsierviertel Niederdorf und das Café Felix am Bellevueplatz, aber es gibt natürlich noch viele weitere zu entdecken!

NACHTSPAZIERGÄNGE VOM NIEDERDORF ZUR ALTSTADT

Nachts ist die Stadt fast menschenleer, aber alle Lichter sind an und du hast den Zauber ganz für dich alleine. Die vielen historischen Häuser und die Kopfsteinpflasterstraßen lassen das Gefühl entstehen, durch eine zauberhafte Märchenszenerie zu laufen. Lass dich zwischen Fraumünster und Grossmünster in den Gassen auf beiden Seiten der Limmat einfach treiben.

PARKS

8. PLATZSPITZ

In Bahnhofsnähe, auf dem spitz zulaufenden Gelände am Zusammenfluss von Limmat und Sihl, tut sich das grüne Dreieck des Platzspitz auf, eine teils barocke Grünanlage mit mächtigen Bäumen und ein lauschiger Ort zum Pausemachen, Entspannen oder Warten auf den nächsten Zug im nahen Hauptbahnhof. Zur Zeit seiner Entstehung war in diesem barocken Lusthain die feine Gesellschaft unterwegs, in den 1980er-Jahren verkam die Anlage zum „Needle-Park“, einem weit über Zürich hinaus bekannten Junkie-Treffpunkt, heute ist er jedoch wieder ein wirklich schöner Ort, um mitten im Zentrum ein Päuschen im Grünen oder am Wasser zu machen.

Platzpromenade 5 | Tram: Sihlquai oder Hauptbahnhof

TIPP

Zwischen Landesmuseum und dem Seebecken pendeln von April bis Oktober die niedrigen Limmatschiffe. Die Fahrt unter vielen Brücken hindurch zum See dauert eine halbe Stunde und bietet einmalige Perspektiven.

Der Schanzengraben führt dich vom Hauptbahnhof bis zum Zürichsee – alle paar Blocks hat er eine andere Ausstrahlung. Schlendere entlang, mach ein paar Fotos und genieße eine Seite von Zürich, die die meisten Besucher verpassen.

9. SCHANZENGRABEN

Ich liebe dieses kleine versteckte Juwel, weil es nicht so bekannt ist. Normalerweise stehen in Zürich der See und die Limmat im „Wasser-Rampenlicht“, während der Schanzengraben – ein ruhiger und malerischer Kanal nur ein paar Minuten westlich der Bahnhofstrasse – ein von den meisten Besuchern unentdeckter Ort bleibt. Komm' im Sommer hierher, um der Hitze zu entgehen, Entenküken zu beobachten, die über das seichte türkisfarbene Wasser rasen, oder eine runde mit dem SUP zu drehen. Mittags lassen sich hier viele „Young Professionals“ aus den umliegenden Büros zur Pause nieder und essen – mit den nackten Füßen im kühlen Wasser – ihr Takeaway Lunch.

Tram: Sihlstrasse

Komm früh und wähle den linken Eckplatz im zweiten Stock: Die Aussicht ist unschlagbar. Bei sonnigem, warmem Wetter bleibst du unten auf der Terrasse, gönnst dir eine heiße Schokolade und beobachtest die Menschen auf der Bahnhofstrasse.

ESSEN & TRINKEN

10. CONFISERIE SPRÜNGLI

Ein Muss – nicht nur wegen der instatauglichen Köstlichkeiten und der kultigen Lage am Paradeplatz. Wenn du keine Zeit für eine leckere Pause in Café & Restaurant oder Café-Bar hast, bietet der Laden aber auch perfekte Schweizer Schoko-Souvenirs zum Mitnehmen. Mein Favorit ist die nostalgische Blechdose Sprüngli-Haus mit eingraviertem Paradeplatz auf dem Deckel und einer Pralinen-Auswahl im Inneren. So ein cooles Geschenk! Unbedingt probieren: die legendären Luxemburgerli – leichte, bunte, mit Rahm gefüllte Mini-Macarons, die es in verschiedenen Geschmacksrichtungen gibt. Die schlechte Nachricht: Sie werden am besten sofort verzehrt, wenn sie frisch sind, als Souvenir sind sie also nicht so toll geeignet. Die gute Nachricht: Du musst alles aufessen, was du kaufst – keine Ausreden! Außerdem hast du jetzt einen Grund mehr, um wieder nach Zürich zu kommen.

Bahnhofstrasse 21 | Tram: Paradeplatz | www.spruengli.ch | @confiseriespruengli

BUCKET LIST
Confiserie Sprüngli

Lass dich von den vielen kleinen Köstlichkeiten zu deiner eigenen Kreation hinreißen!
Hier ist Platz für dein Traumtörtchen ...

11. RIMINI BAR

Ich liebe es, für einen Afterwork-Drink mit Freunden hierher zu kommen. Tagsüber ist das Rimini eine Badi für Männer, aber abends verwandelt es sich in eine coole Outdoor-Bar für alle. Normalerweise komme ich früh hierher, so gegen 19 Uhr, um einen Platz nah am Wasser zu ergattern und eine Pizza und ein Bier zu bestellen. Wenn dann die Sonne untergeht, die Musik lauter wird, die bunten Lichter erstrahlen und sich auf dem Wasser spiegeln, ist es hier einfach wunderschön! Das Beste ist, dass, obwohl die Bar im Herzen der Stadt liegt, es hier in heißen Sommernächten wegen des Wassers kühl bleibt. Auch in diesem Sinne ein cooles Erlebnis!

Badweg 10 | Tram: Bahnhof Selnau |
ww.rimini.ch | @rimini_bar

12. JUICERY 21

Kaltgepresstre Säfte, hauseigene Mandelmilch, Shakes, Kaffee, Acai-Bowls, Bagels, Porridge und Quinoa-Schalen – wenn du auf gesund stehst, bist du hier richtig! Und wenn du auf cool-schlichtes Ambiente stehst, auch. Ganz speziell: Durch den Glasboden fällt der Blick auf die Saftpresse.

Sihlstrasse 93 | Tram: Sihlstrasse |
www.juicery21.ch | @juicery21

13. MILCHBAR

Die Café-Bar liegt versteckt in einem schönen Innenhof zwischen Bürkli- und Paradeplatz, wo lokale Fashionistas eine Shopping-Pause einlegen und Banker sich zum Business-Meeting auf einen Kaffee treffen. Ein toller Ort, um Instagram-Fotos zu schießen, einen

Rimini Bar

Milchbar

Anzeige
Wellen
Tauch ein!
24. August 2021 – 5. März 2023
Eine Ausstellung von *focus*Terra
Öffnungszeiten
Mo bis Fr: 9 – 17 Uhr
So: 10 – 16 Uhr
Eintritt frei
ETH zürich
*focus*Terra

leckeren Drink zu genießen (die Speisekarte ist auch großartig) und einen Einblick in die lokale Sehen-und-gesehen-werden-Szene zu bekommen. **Im Winter ist es hier übrigens besonders magisch, wenn die Atmosphäre in der mit Lichtern geschmückten Bar supergemütlich ist. Wirf unebdingt einen Blick auf die Winterkarte, hier wird oft Fondue serviert.**

Kappelergasse 16 | Tram: Paradeplatz | www.milchbar.ch | @milchbaramparadeplatz

14. OLD CROW COCKTAIL BAR

Sie ist winzig, liegt völlig versteckt in der Zürcher Altstadt – so sehr, dass man vielleicht ein paar Mal daran vorbeiläuft, bevor man den Eingang findet –, und gilt als die beste Cocktailbar der Stadt. Im Sommer halten sich die Einheimischen (mich eingeschlossen) lieber draußen auf, was diese Indoor-only-Bar zu einer tollen Adresse für die kälteren Monate macht. Drinnen ist es gemütlich und einladend, geduldig erläutern die freundlichen Barkeeper, die ganz offensichtlich lieben, was sie tun, jeden Cocktail. Und das kann dauern, denn die Bar bietet über 1600 Spirituosen an – darunter einige rare Kostbarkeiten und rund 500 Whiskeys. Der perfekte Ort für einmalige Cocktailkreationen und einen unvergesslichen Abend. Zum Abschluss kannst du durch die leere und magische Altstadt nach Hause schlendern.

Schwanngasse 4 | Tram: Rathaus | www.oldcrow.ch | @old_crow_zh

Suche dir einen Platz in der Ecke oder auf der rechten Seite der Terrasse, dort hast du eine tolle Aussicht auf den Sonnenuntergang!

15. ROOFTOP RESTAURANT

Hier erlebst du die Bahnhofstrasse aus der Vogelperspektive. Am besten kommst du frühzeitig oder reservierst vorab, denn an Wochentagen ist das lebendige Lokal schnell von den Einheimischen besetzt, die einen Afterwork-Drink genießen. Um einen Tisch draußen zu bekommen, musst du etwas von der Karte bestellen, aber das ist kein Problem – das Fusion-Küche-Food ist lecker (lässt sich gut teilen) und passt perfekt zu einem kühlen Drink.

Bahnhofstr. 74 | Tram: Bahnhofstrasse, HB | www.ooo-zh.ch | @ooorooftop

Das Rooftop Restaurant ist natürlich auch eine coole Foto-Location mit Zürich View!

16. ROOTS AND FRIENDS

Säfte, Smoothies, Shakes, dazu Salate, Sandwiches, Suppen und Bowls – hier genießt man gesund und vegan – und genießen ist die absolut richtige Vokabel. Im Roots and friends, mitten in der City zwischen Hauptbahnhof und Löwenplatz, geht es hip, unkompliziert und lecker zu. Viele Gäste holen sich ihr Essen auch zum Mitnehmen, dabei lädt die stylishe Einrichtung auch zum Bleiben ein!

Lintheschergasse 15 | Tram: Bahnhofstrasse | www.rootsandfriends.com | @rootsandfriends

17. GEORGE BAR

Dieses Penthouse-Restaurant hat eine elegante, fotogene Bar (die Art, die man in Kinofilmen sieht) und eine große Terrasse mit Blick über die Dächer der Stadt. Es liegt gerade so weit abseits der ausgetretenen Pfade, dass es hauptsächlich ein lokales, stilvolles Publikum anzieht, aber immer noch zentral genug für Gäste, die einen Tag in der Stadt genussvoll und entspannt abschließen möchten. Die Cocktails hier sind lecker (und stark!), und wer keine Lust auf ein Abendessen hat, kann einfach an der Bar abhängen und ein paar Platten zum Teilen bestellen. Mein Lieblingsdrink ist der klassische Whiskey Sour, aber auch die Dirty Martinis sind der Hammer. Oft gibt es auch coole kulinarische Events mit Live-Musik – schau am Besten auf der Website nach Terminen. Cheers!

Sihlstrasse 50 | Tram: Sihlstrasse | www.george-grill.ch | @georgebarandgrill

George Bar

Im Babu's gibt es (der Name verrät's) übrigens auch super leckere Kuchen und Cafés.

18. STORCHEN BAR

Du bist gemütlich durch die Straßen der Altstadt geschlendert, hast jede Menge Fotos geschossen und hättest nun gern eine Pause? Die zwischen Altstadt und Limmat gelegene Storchenbar ist dafür der perfekte Ort. Sie gehört zum historischen Hotel Storchen, einem klassischen Zürcher Postkartenmotiv – es ist das rosa Gebäude, das über der Limmat steht und auf dessen Dach ein Storch sitzt.
Komm in den Abendstunden vorbei, dann kannst du hier beobachten, wie die untergehende Sonne das Grossmünster in Gold taucht. Ein wunderschönes Setting!

Weinplatz 2 | Tram: Rathaus | www.storchen.ch | @storchenzurich

LOW $ BUDGET

19. REITHALLE

Wenn du ein entspanntes Lokal im Herzen von Zürich mit einfachem, gutem Essen suchst, ist die Reithalle eine gute Wahl. Erschwinglicher als das, was man normalerweise in diesem Teil der Stadt bekommt und überhaupt keine Touristenfalle – hier begegnest du eher Einheimischen in ihrer Mittagspause. An Sommerabenden kommt auf der großen Terrasse zudem tolle Biergartenatmosphäre auf. Unter der Woche gibt es günstige Mittags-Specials. Meine Empfehlung: Ich entscheide mich hier fast immer für ein Fischgericht.

Gesnerallee 8 | Tram: Sihlpost | www.restaurant-reithalle.ch | @restaurant_reithalle

20. BABU'S BAKERY & COFFEEHOUSE

Ich liebe es, zum Lunch oder einem entspannten Abendessen hierher zu kommen. Die Gerichte sind frisch und lecker, außerdem ist das Babu's einer der wenigen Orte in der Stadt, wo man die klassischen Schweizer Rösti in lockerer Atmosphäre bekommt (siehe auch S. 46). Wie wär's mit einem Stück Kuchen zum Dessert – einfach köstlich! Wenn du einen Platz im Freien möchtest, solltest du vor dem Mittagsansturm hier sein oder reservieren.

Löwenstrasse 1 | Tram: Sihlstrasse | www.babus.ch | @babus_bakeryandcoffeehouse

FOTO TIPP FOTO TIPP FOTO TIPP

Storchen Bar

FOTO TIPP

Besonders zum Sonnenuntergang lohnt es sich, hierher zu kommen und die Atmosphäre zu genießen!

21. BAUSCHÄNZLI

Das Bauschänzli ist eine im 17. Jh. am Übergang zwischen Limmat und Zürichsee geschaffene künstliche Insel. Damals war das Fünfeck ein Teil der Stadtbefestigung, heute dient die lauschige Anlage den Einheimischen als Biergarten. Bei gutem Wetter sitzt du hier unter Schatten spendenden Kastanien und genießt bei einem kühlen lokal gebrauten Bier den Blick auf Altstadt, Zürichsee, Alpen und das Wasser. Natürlich ist auch für das leibliche Wohl gesorgt – so gibt es zum Beispiel Leckereien vom Grill, knusprigen Flammkuchen, frisch zubereitete Pasta und vieles mehr. Unbedingt die hausgemachten Würste vom Grill probieren oder eine der leckeren Backwaren die ebenfalls in der hauseigenen Pâtisserie hergestellt werden. Sogar einen selbst gerösteten Kaffee „il baretto" findet man im Angebot des einmaligen Biergartens. Seit Kurzem kann man hier per App bestellen und bezahlen, so wird die Bestellung direkt an den Platz gebracht. Herzhaftes vom Grill und eine Kugel Glace gibt es auch bei unbeständigem Wetter auf die Hand.

Stadthausquai 2 | Tram: Bürkliplatz | www.bauschaenzli.com | @bauschaenzli

BUCKET LIST
Bauschänzli

Du hast ein Foto mit einem schönen Sonnenuntergang geschossen oder ein leckeres Foodi-Foto?
Dann kleb' es hier ein.

SHOPPING

22. BÜRKLIPLATZ: WOCHEN- UND FLOHMARKT

Dienstags- und freitagmorgens tummeln sich hier Zürcher, die Obst, Gemüse und Blumen einkaufen. Ein toller Ort, um Leute zu beobachten und Fotos zu machen. Samstagmorgens findet ein gehobener Flohmarkt statt, auf dem du um Kunstwerke, Pelzmäntel oder Louis-Vuitton-Taschen feilschen kannst. Die Atmosphäre hier ist wirklich einzigartig! Ich liebe es, an Markttagen früh hierher zu kommen, um Fotos zu machen – die Blumenkioske geben die schönsten Kulissen ab, außerdem gibt's hier die frischesten Blumen der Saison.

Tram: Bürkliplatz

23. BAHNHOFSTRASSE & PARADEPLATZ

Die Bahnhofstrasse zieht sich 1,4 km vom Bahnhof zum See hinauf und zählt, was die Ladenmieten angeht, zu den teuersten Shoppingmeilen der Welt. 200 Linden und fast ebenso viele Geschäfte – vom Uhrenladen über die Edelboutique bis zum Kaufhaus – säumen den eleganten, von einer Reihe prächtiger Jugendstilbauten geprägten Boulevard. Sein Herzstück bildet der Paradeplatz, wo mehrere Schwei-

TIPP
Montagabends startet auf dem Bürkliplatz der Monday Night Skate. Manchmal sausen dann hunderte Skater hier umher!

Gute Möglichkeit, um sich mit Proviant für ein leckeres Picknick auszustatten.

zer Großbanken ihren Hauptsitz haben. Natürlich kannst du hier super shoppen – das Angebot ist kaum zu überbieten. Aber du kannst auch einfach in aller Ruhe zum See flanieren oder z.B. durch die Augustinergasse Richtung Altstadt abbiegen. Gesehen und erlebt haben musst du die Bahnhofstrasse aber auf jeden Fall!

Tram: Bahnhofstrasse

24. COOP CITY & SCHWEIZER HEIMATWERK

Coop ist eine große Supermarktkette in der Schweiz. In dieser eleganten Filiale in der Bahnhofstrasse findest du einfach alles, von Lebensmitteln über Lifestyle-Produkte bis hin zu Möbeln. Ich empfehle den Coop City nicht nur für's bequeme Einkaufen, sondern auch als einen guten Ort, um die Einheimischen bei ihren täglichen Routinen zu beobachten. Zum Beispiel beim Käsekaufen im Untergeschoss, mit fachkundiger Beratung nicht zuletzt zu lokalen Käsesorten. Und es gibt ein endlos langes Regal mit Schokoprodukten, immer originell und saisonal dekoriert (ein guter Ort, um deine Schweizer-Schoko-Vorräte aufzufüllen!).

Schweiz-Souvenirs bekommst du am seeseitigen Ende der Bahnhofstrasse im Schweizer Heimatwerk. Das Spektrum reicht von der Kuhglocke über die Sennerkutte bis zu modernem Kunsthandwerk und Schmuck.

Coop City: Bahnhofstrasse 57 | Tram: Rennweg

Schweizer Heimatwerk: Bahnhofstrasse 2 | Tram: Kantonalbank

Das Schweizer Heimatwerk ist der wohl bekannteste Souvenir-Shop des Landes – hier gibt es einfach alles!

25. SHOPVILLE

Solltest du sonntags in Zürich sein, die City-Highlights auf deiner Liste schon abgehakt haben und nun Lust auf einen Einkaufsbummel verspüren – verzweifel' nicht, auch wenn die Geschäfte auf der Bahnhofstrasse geschlossen sind. Das Shopville, eine riesige Einkaufspassage unter Bahnhofsplatz und Hauptbahnhof mit fast 200 Geschäften, Restaurants usw., hat an allen Tagen des Jahres von 9 bis 20/21 Uhr geöffnet.

Hier findest du Supermärkte, Bäckereien, Blumen- und Buchläden, Mode-Shops, Parfumerien – eben alles, was du brauchst, um bis Montag durchzuhalten.

Museumstrasse 1 | Tram: Bahnhofstrasse/HB

ZONE

ZÜRICH Altstadt Ost

Das „Dörfli" am östlichen Limmatufer ist Zürichs Herz, mit dem Grossmünster als Fixpunkt. Lass dich hier einfach treiben, dann spürst du den Spirit der Stadt ganz von selbst. Und wenn dich dann der Hunger packt: Wie wär's mit einer ordentlichen Portion Züri-Geschnätzlets? Und danach einer kleinen Siesta auf dem entspannten Sechseläutenplatz?

ERLEBNISHIGHLIGHTS

ALTSTADT OST

> **MIT DER POLYBAHN ZUR UNI**
> **FOTOSHOOTING IM NIEDERDORF**
> **KÄSE ÜBER KÄSE IM CHÄS CHÄLLER**
> **DRAMA-TREPPE BEIM RECHBERGGARTEN**
> ....
> ....
> ....

Buntes Straßenleben, authentisches Zürich

Altstadt Ost

SEHENSWERTES

26 GROSSMÜNSTER

27 LIMMATQUAI

28 WO GIBT'S DAS BESTE ZÜRCHER GESCHNETZELTE?

29 POLYTERRASSE

30 SECHSELÄUTENPLATZ

31 NIEDERDORF: NEUMARKT STRASSE, STÜSSIBRUNNEN …

32 KUNSTHAUS

33 WO GIBT'S DAS BESTE RACLETTE?

PARKS

34 RECHBERGGARTEN

ESSEN & TRINKEN

35 JOHN BAKER

36 NEUMARKT RESTAURANT

37 VICAFE RÖSTEREI & ESPRESSO BAR

38 RATHAUS CAFÉ

39 GRAND CAFÉ ODEON

40 CONDITOREI SCHOBER

SHOPPING

41 GLOBUS

42 FABRIKAT

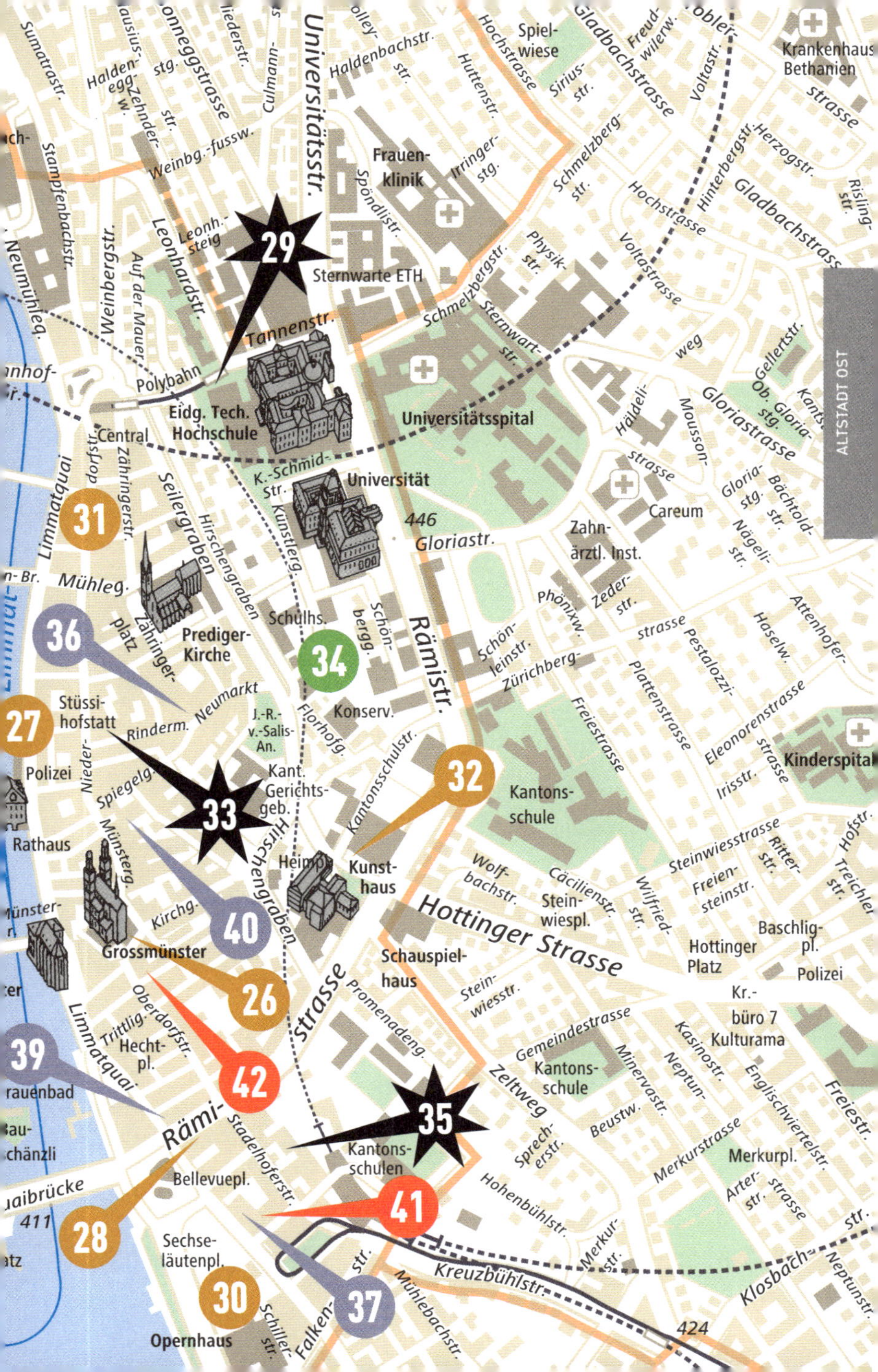

Universitätsstr.
Haldenbachstr.
Hochstrasse
Huttenstr.
Spielwiese
Siriusstr.
Gladbachstrasse
Freudwilerw.
Voltastr.
Krankenhaus Bethanien
Strasse
Sumatrastr.
Haldenegg-w.
Zehnderstr.
Sonneggstrasse
Culmannstr.
Weinbg.-fussw.
Stampfenbachstr.
Frauen-klinik
Irringerstg.
Spöndlistr.
Schmelzbergstr.
Herzogstr.
Hinterbergstr.
Gladbachstrasse
Rislingstr.
Hochstrasse
Leonhardstr.
Leonh.-steig
29
Sternwarte ETH
Physikstr.
Voltastrasse
Neumühleq.
Weinbergstr.
Auf der Mauer
Tannenstr.
Schmelzbergstr.
Sternwartstr.
weg
Gellertstr.
Ob. Gloriastg.
Kantstr.
Polybahn
Eidg. Tech. Hochschule
Universitätsspital
Häldelistrasse
Moussonstr.
Gloriastrasse
Central
Zähringerstr.
Seilergraben
K.-Schmid-Str.
Universität
Künstlerg.
Careum
Gloriastg.
Bächtoldstr.
Limmatquai
31
446
Gloriastr.
Zahnärztl. Inst.
Nägelistr.
Mühleg.
Hirschengraben
Zederstr.
Phönixw.
36
platz
Zähringerstr.
Prediger-Kirche
Schulhs.
34
Schönbergg.
Rämistr.
Schönleinstr.
Zürichbergstrasse
Pestalozzistr.
Haselw.
Attenhoferstr.
27
Stüssihofstatt
Rinderm.
Neumarkt
J.-R.-v.-Salis-An.
Florhofg.
Konserv.
Plattenstrasse
Freiestrasse
Eleonorenstrasse
Polizei
Niederdorfstr.
Spiegelg.
33
Kant. Gerichts-geb.
Kantonsschulstr.
32
Kantonsschule
Irisstr.
Kinderspital
Hofstr.
Rathaus
Münsterg.
Hirschengraben
Heimpl.
Kunsthaus
Steinwiesstrasse
Ritterstr.
Treichlerstr.
Münsterbr.
Kirchg.
40
Wolfbachstr.
Cäcilienstr.
Steinwiespl.
Wilfriedstr.
Freiensteinstr.
Baschligpl.
Grossmünster
Hottinger Strasse
Hottinger Platz
Polizei
Schauspielhaus
26
Oberdorfstr.
Strasse
Promenadeng.
Steinwiesstr.
Kr.-büro 7
Kulturama
39
Trittlig.
Hecht-pl.
Limmatquai
42
Gemeindestrasse
Kantonsschule
Kasinostr.
Neptunstr.
Englischviertelstr.
Freiestr.
Frauenbad
Bauschänzli
Rämistr.
Stadelhoferstr.
Zeltweg
Minervastr.
35
Kantonsschulen
Sprecherstr.
Beustw.
Merkurstrasse
Merkurpl.
Quaibrücke
Bellevuepl.
41
Hohenbühlstr.
Arterstr.
strasse
411
28
Sechseläutenpl.
Falkenstr.
37
Merkurstr.
Kreuzbühlstr.
Klosbachstr.
Neptunstr.
30
Opernhaus
Schillerstr.
Mühlebachstr.
424

FOTO TIPP

Eine der schönsten Aussichten auf Zürich hat man natürlich vom Grossmünster aus.

SEHENSWERTES

26. GROSSMÜNSTER

Das Grossmünster mit seinen charakteristischen Doppeltürmen, Zürichs größte protestantische Kirche, ist eine der ikonischsten und wichtigsten Sehenswürdigkeiten der Stadt – ein Muss auf deiner Tour. Der Zugang ist kostenlos. Im Inneren kannst du die wunderschönen Buntglasfenster des deutschen Künstlers Sigmar Polke und des Schweizers Alberto Giacometti bewundern. Die Wenigsten wissen, dass man auf den Karlsturm (oder Südturm) des Münsters hinaufsteigen kann. Es sind 187 gewundene Stufen nach oben, für die Mühen des Aufstiegs wirst du mit einem spektakulären Ausblick auf Stadt, See und Glarner Alpen belohnt. Ich nehme Besucher immer mit hierher, um ihnen das Panorama der Stadt von oben zu zeigen und die verschiedenen Stadtteile und Wahrzeichen zu erklären oder um tolle Fotos zu machen. An einem Sommertag kann man kilometerweit in alle Richtungen sehen, mit dem schimmernden See zur Linken, der leuchtend türkisfarbenen Limmat zur Rechten.

Grossmünsterplatz | Tram: Helmhaus

Ein wenig Venedig-Feeling am Limmatquai

TIPP

Wenn du möchtest, kannst du den montags im Rathaus tagenden Kantonsrat während einer Sitzung erleben. Anmeldungen unter kantonsrat.www.zh.ch/besuch

27. LIMMATQUAI

Am östlichen Limmatufer liegen Nieder- und Oberdorf – von den Zürchern liebevoll „Dörfli“ genannt. Zum Fluss hin wird es zwischen Bahnhof und Quaibrücke vom denkmalgeschützten Limmatquai begrenzt – mit zahlreichen Hinguckern wie dem über der Limmat freistehenden Rathaus und dem Grossmünster. Ideal also für einen idyllischen Spaziergang durch Zürichs Herz.

Ürbigens: Das von außen eher schlichte Rathaus beherbergt im Innern wunderschön holzvertäfelte Säle, prachtvolle Turm- und Kachelöfen, reiche Stuckdecken mit prächtigen Ornamenten und einmal die Woche das Parlament. Seit über 800 Jahren wird Zürich nun schon von seinen Einheimischen regiert, weshalb die Zürcher aktiv an Entscheidungen und Abstimmungen teilnehmen.

Und danach? Lass dich einfach am Wasser und in den Gassen des „Dörfli“ treiben. Restaurants, Cafés, und Kneipen sowie Shops reihen sich hier aneinander.

Limmatquai | Tram: Rathaus

28. WO GIBT'S DAS BESTE ZÜRCHER GESCHNETZELTE?

Am Ort seiner Entstehung trägt das weltbekannte Gericht den Namen Züri-Gschnätzlets – für alle Nicht-Vegetarier gehört es zu einem Zürich-Aufenthalt dazu. Am besten lässt du dir den Kalbfleisch-Klassiker mit Rösti servieren, es gibt aber auch Varianten mit Nudeln und Reis.

ZUNFTHAUS ZUR ZIMMERLEUTEN

Die Geschichte der Zünfte in Zürich reicht bis ins 14. Jahrhundert zurück. Ihren Durchbruch erlebten sie mit der Zürcher „Handwerkerrevolution" im Jahr 1336, die sie zur stärksten politischen Kraft in Zürich machte. Erst die Ereignisse im Zuge der Französischen Revolution beendeten ihre Macht, viele Zürcher Zünfte sind aber als Vereine bis heute aktiv.

Als Besucher kannst du diesem Teil der Stadtgeschichte sehr angenehm beim Besuch eines Restaurants nachspüren, das in einem der Zunfthäuser untergebracht ist.

Das Zunfthaus Zimmerleuten beispielsweise serviert typische Schweizer Gerichte, selbstverständlich auch Zürcher Geschnetzeltes. Das Restaurant im Obergeschoss bietet ein gehoberes Erlebnis und eine gehobene Speisekarte, während du im Untergeschoss und auf der Terrasse (mit sehr fotogenem Blick auf die Stadt) ein zwangloses Essen, Getränke und sogar ein Outdoor-Fondue genießen kannst.

Limmatquai 40 | Tram: Helmhaus | www.zunfthaus-zimmerleuten.ch | @zimmerleuten_zurich

Auf der Terrasse des Zunfthaus zur Zimmerleuten

KRONENHALLE

Es gibt viele tolle Restaurants in Zürich, aber die Kronenhalle ist einzigartig. Umgeben von Originalwerken von Pablo Picasso, Marc Chagall, Joan Miro und anderen speist man hier wie in einem Museum. Aber neben der atemberaubenden Kunstsammlung, dem historischen Dekor und dem tadellosen Service ist die Kronenhalle für eine weitere Sache berühmt: Sie macht das beste „Züri-Gschnätzlets" der Stadt.

Rämistrasse 4 | Tram: Bellevue | www.kronenhalle.com

SWISS CHUCHI

Dieses Restaurant im Hotel Adler mitten in der Altstadt hat in Sachen Käse- und Fleischspezialitäten in der Schweiz einen exzellenten Ruf. Kein Wunder ist hier das „Zürcher Geschnetzelte mit Rösti" einfach unfassbar lecker. Selbst im Winter kann man auf der schönen Terrasse sitzen und genießen.

Rosengasse 10 | Tram: Rudolf-Brun-Brücke | www.hotel-adler.ch

TIPP

Wenn du es nicht zum Essen in die Kronenhalle schaffst, dann besuche wenigstens die Bar. Toller Service, originelle Kunstwerke, und du musst nicht reservieren.

29. POLYTERRASSE

Die Polyterrasse zwischen der Eidgenössischen Technischen Hochschule und der Universität Zürich ist ein beliebter Aussichtspunkt mit Blick über die Altstadt zum Uetliberg und ins Limmattal. Eine Terrasse und zwei Hochschulen – das sorgt für viele Studenten, die hier vor und nach ihren Univeranstaltungen ein wenig chillen. Lass dir hier die Sonne ins Gesicht scheinen und deinen Blick über Zürich wandern, genieß das Flair und entspann eine Runde. **Der Spot eignet sich zudem perfekt für ein kleines Picknick zum Sonnenuntergang! Oder du besuchst das Studenten-Café „bQm" unterhalb der Polyterrasse.**

Leonhardstrasse 34 | Polybahn

Von der Innenstadt kommend nimmst du am besten die historische „Polybahn", eine Standseilbahn. Die Fahrt ist ein Erlebnis für sich – die Höchstgeschwindigkeit: 9 km/h!

PICKNICK-SPOT PICKNICK-SPOT

BUCKET LIST
Polyterrasse

Lass deinen Gedanken freien Lauf …
Schreibe etwas, zeichne die Skyline von hier oben oder male die Wolken ab.
Bist du mit der Polybahn hier herauf gefahren? Dann kleb dein Ticket ein.

Martialisch wird der „Böögg" bis zum nächsten Winter verbannt, seine Glut wird zum Angrillen genutzt ...

30. SECHSELÄUTEN-PLATZ

Hier, südöstlich der Quaibrücke vor dem Opernhaus und am Zürichsee, zeigt sich Zürich von seiner großzügigen und entspannten Seite. 16 000 m² umfasst der 2013 neugestaltete Platz, auf dem du (angenehmes Wetter vorausgesetzt) nicht viel anderes tun kannst, als ein wenig zu Flanieren und dich dann auf einer der Sitzgelegenheiten – oder auf den warmen Steinboden – zu setzen und das spezielle Flair, das dieser großzügige, freie und meist belebte Platz erzeugt, zu genießen. Im Café-Pavillon wirst du mit allem versorgt, was dein gemütliches Sit-in noch angenehmer gestalten kann. Und im zweiten Pavillon sind die archäologischen Steinzeitfunde ausgestellt, die bei den Bauarbeiten für das unterhalb des Platzes liegende Parkhaus gefunden wurden.

Seinen Namen verdankt der Platz übrigens einer alten und bis heute gepflegten Sitte: Sobald im Frühjahr der Einbruch der Dunkelheit nicht mehr als Orientierung für das Ende des Arbeitstags dienen kann, läutet um sechs Uhr abends die Grossmünsterglocke. Dieses „Sechseläuten" feiern die Zürcher nun schon seit Jahrhunderten mit einem Fest, bei dem, einem historischen Brauch folgend, im April der „Böögg", eine Schneemann-Puppe, auf dem Sechseläutenplatz verbrannt wird. Die Glut des „Scheiterhaufens" dient anschließend zum Wurstbraten, woraus sich alljährlich ein angenehmes Happening entwickelt.

Heute dient der Sechseläutenplatz nach wie vor auch als Veranstaltungsort (z.B. für den Zirkus Knie und einen Weihnachtsmarkt), im Sommerhalbjahr bleibt er aber an mindestens 120 Tagen frei.

Tram: Stadelhofen, Bellevue

Tolle Kulisse für eine Pause: das Opernhaus

TIPP

Wenn dich der Hunger packt: Beim Bratwurst-Take-Away Sternen Grill am Bellevue gibt's die berühmte St. Galler Bratwurst.

FOTO TIPP FOTO TIPP FOTO TIPP

31. NIEDERDORF: NEUMARKT, STÜSSIBRUNNEN ...

Ein perfektes Kontrastprogramm zum illustren linken Limmatufer bildet das rechts der Limmat liegende Niederdorf, von den Einheimischen liebevoll „Dörfli“ genannt. Malerische Gässchen, Bars und lautes Straßenleben kennzeichnen die Altstadt zwischen Limmatquai, Seilergraben und Rämistrasse.

Ganz oben auf meiner Hitliste für schöne und authentische Zürich-Fotos steht der Neumarkt. Diese Straße liegt gerade weit genug abseits der ausgetretenen Pfade, dass sie selten sehr belebt ist. Und das ist gut, denn dieser Spot ist absolut instagrammable! Egal aus welcher Perspektive du fotografierst, egal zu welcher Jahreszeit, egal wo, die Motive sind einfach toll! Besonders stimmungsvoll ist es, wenn abends der Himmel noch nicht dunkel ist, in der Dämmerung die Lichter aber schon leuchten und die Straßenlaternen so ein ganz besonderes Funkeln produzieren. Das liegt daran, dass hier – ebenso wie in unmittelbarer Nähe am Rindermarkt, in der Reh-, der Prediger- und der Froschaugasse – noch 36 alte Gaslaternen in Betrieb sind. Dazu das Kopfsteinpflaster, der Brunnen, die kunstvoll verzierten alten Häuser, die vielen kleinen Läden, Boutiquen, Secondhandshops, Bars, Cafés und Restaurants – hier gibt's jede Menge magische Postkartenmotive!

Ein anderer super Insta-Spot liegt ein Stück weiter westlich in der Nähe des Limmatquais – der mehrfarbige Stüssihofbrunnen auf dem kleinen und engen Platz namens Stüssihofstatt liefert ganz besondere Motive.

Niederdorfstrasse | Tram: Rennweg, Helmhaus

Zum Flanieren und Shoppen finde ich Neumarkt und Rindermarkt besonders toll!

FOTO TIPP

Besuche unbedingt den Monet-Saal im zweiten Stock, die großen wandfüllenden Gemälde sind atemberaubend und bilden eine perfekte Kulisse für Fotos.

32. KUNSTHAUS

Wenn ich mich in Zürich für ein Museum entscheiden müsste, dann würde ich das Kunsthaus wählen. Mit rund 4000 Gemälden und Skulpturen sowie etwa 95 000 grafischen Arbeiten hat es eine der größten Kunstsammlungen der Schweiz, darunter Werke von so wichtigen und berühmten Künstlern wie Chagall, van Gogh, Warhol, Mondrian, Monet, Giacometti und Vielen mehr … Neben der umfangreichen ständigen Schausammlung (dauerhaft ausgestellt sind etwa 10 Prozent des Bestands) zeigt das Kunsthaus oft zwei oder sogar mehr Wechselausstellungen gleichzeitig. **Mittwochs ist der Besuch der ständigen Sammlung übrigens kostenlos.**

Heimplatz 1 | Tram: Kunsthaus

Am langen Tisch der Raclette Stube kannst du dich einfach zur „Tafelrunde“ dazusetzen.

Chäs Chäller

33. WO GIBT'S DAS BESTE RACLETTE?

RACLETTE FACTORY

Eine Prise Alpenchic? Und im Skihütten-Ambiente ein leckeres Raclette? Dann bist du in der Raclette Factory goldrichtig. Wähle eines der Menüs oder wähle selbst deine Favoriten aus den 14 Käsesorten, alle gluten- und laktosefrei. Wer nicht genug von Schweizer Traditionsgerichten bekommt, bestellt hier Salsiz mit Bürli, Wähen oder die Bündner Platte.

Rindermarkt 1 | Tram: Rathaus | www.raclette-factory.ch | @raclettefactoryag

RACLETTE STUBE

Hier im Herzen der Altstadt mischen sich Einheimische und Touristen, Jung und Alt in urigem Ambiente zum Genuss geschmolzenen Käses – sei es Raclette oder Fondue. Die Karte ist übersichtlich und handgeschrieben, dafür ist das Essen sagenhaft und über die Landesgrenzen hinaus bekannt!

Zähringerstrasse 16 | Tram: ETH/Universitäts-spital | www.fondue-stuben.ch

CHÄS CHÄLLER

Eigentlich heißt dieser Laden „Urban Food Store“ – hier gibt's alles für Käseliebhaber. Stadtbekannt ist er aber unter dem Namen „Chäs Chäller“ (Käsekeller). Wenn du zuhause Raclette oder ein Altstadt-Fondue essen möchtest, ist für den Käse-Einkauf der Chäs Chäller perfekt. Der Käse ist nicht teurer als im Supermarkt, aber besser. Und die Besitzerin Danièle vakuumiert ihn dir für den Transport gern. Am besten nimmst du aber auch noch etwas Schokolade, ein Fläschchen Schnaps oder Wein mit.

Niederdorfstrasse 46 | Tram: Rudolf-Brun-Brücke | www.urbanfoodstore.ch

BUCKET LIST
Raclette

BEST RACLETTE IN TOWN

LOCATION

ART DES KÄSES/BEILAGEN

KOMMENTAR

☆☆☆☆☆ ABSOLUT EMPFEHLENSWERT JA ☐ NEIN ☐

LOCATION

ART DES KÄSES/BEILAGEN

KOMMENTAR

☆☆☆☆☆ ABSOLUT EMPFEHLENSWERT JA ☐ NEIN ☐

LOCATION

ART DES KÄSES/BEILAGEN

KOMMENTAR

☆☆☆☆☆ ABSOLUT EMPFEHLENSWERT JA ☐ NEIN ☐

Überall lassen sich hier tolle Fotomotive und -kulissen finden. Nicht zuletzt die dramatische Treppe!

PARKS

34. RECHBERGGARTEN

Als Treffpunkt für Studierende der nahegelegenen Universität Zürich bleibt der öffentlich zugängliche Rechberggarten von Zürich-Besuchern meist unentdeckt. Die grüne Oase zwischen Universitätsgebäuden und dem Kunsthaus Zürich, ist von außen kaum einsehbar und daher für viele ein echter Insider-Tipp. Man muss schon hin wollen, um ihn zu finden. Und das lohnt, denn hier gibt es viel zu genießen und vor allem zu fotografieren – dazu gehören der barocke Garten, das Palais Rechberg mit Orangerie und Brunnen sowie eine dramatische Treppe, die ihn perfekt für einen besonderen Spaziergang machen. Idyllischer und grüner geht's in diesem Stadtteil nicht. Eine weitere Besonderheit des Parks ist das denkmalgeschütze Graffiti „Undine" an der Fassade des Deutschen Seminars. Es stammt von Harald Nägeli der als Schweizer Vorläufer von Banksy gesehen wird.

Künstlergasse | Tram: Neumarkt

ESSEN & TRINKEN

35. JOHN BAKER

Sein Brot und die Brötchen liefert John Baker per Elektrovelo aus – du kannst sie aber natürlich auch vor Ort in Stadelhofen oder am Helvetiaplatz einkaufen. Johns Versprechen: Seine Backwaren werden aus regionaler und fairer Bioware hergestellt. Zum Beispiel heißt das: Im Winter gibt's keine Brötchen mit Sonnenblumenkernen – weil Sonnenblumen hier in der Region dann nämlich keine Saison haben und man ihre Kerne von sonstwoher importieren müsste. Bei John Baker ist alles handgemacht und davon mal abgesehen, alles super lecker – egal, ob Brot oder Brötchen! Wer sich selbst mal dran versuchen will, bekommt vom Profi übrigens den Sauerteig gratis!

Stadelhoferstrasse 28 | Tram: Stadelhofen | www.johnbaker.ch | @johnbakerltd

36. NEUMARKT RESTAURANT

Ein Schweizer Restaurant mit einer sich ständig ändernden Speisekarte mit Gerichten aus frischen Zutaten aus der Umgebung. Wenn du ein entspanntes, aber qualitativ hochwertiges Restaurant mit freundlichem Service suchst, dann ist dies das Richtige. Ich liebe es, im Sommer hierher zu kommen und frage immer nach einem Tisch im schattigen Innenhof. Das Restaurant liegt versteckt zwischen historischen Gebäuden im Herzen von Niederdorf und hat eine wunderbare Atmosphäre.

Neumarkt 5 | Tram: Neumarkt | www.wirtschaft-neumarkt.ch | @neumarkt_zh

37. VICAFE RÖSTEREI & ESPRESSO BAR

Neun Standorte hat ViCAFE in Zürich – acht Kaffee-to-go-Filialen und die Rösterei, nach gut zehn Jahren Firmengeschichte ist das eine stolze Zwischenbilanz. Die Grundidee: Hochwertigen Kaffee von kleinen Lokalen aus möglichst unkompliziert an die Frau und den Mann zu bringen. Das klappt so gut, dass man mittlerweile auch nach Basel und Eglisau expandiert hat. Wenn dir

Neumarkt Restaurant

BUCKET LIST

John Baker

„Unser täglich Brot gib uns heute."
Göttliches Brot oder Brötchen probiert? Dann schreibe hier einen Liebesbrief ans Brot oder das perfekte Brotrezept von John Baker auf.

Rathaus Café

Conditorei Schober zur Weihnachtszeit

also bei deinem Zürich Trip mal der Sinn nach einem Coffee-to-go steht, ViCAFE ist eine super Option.

Theaterstrasse 14 | Tram: Bellevue | www.vicafe.ch | @vicafe.ch

38. RATHAUS CAFÉ

Das Rathaus-Café hat einfach alles: eine schöne offene Terrasse direkt an der Limmat, den Blick auf die Altstadt, die geschäftige Atmosphäre einer zentralen Lage und eine einfache, aber attraktive Speisekarte mit Getränken und Snacks, perfekt für eine Pause an einem heißen Sonnentag. Gönn dir hier einen Kaffee oder einen Drink, dann ist das Urlaubsgefühl nicht mehr weit. Ein guter Ort auch für eine sehr Zürcher Aktivität: einen Apéro mit Freunden.

Limmatquai 61 | Tram: Rathaus | www.rathauscafe.ch | @rathauscafe_zurich

39. GRAND CAFÉ ODEON

Ein typisches Wiener Café in Zürich? Warum nicht! Vor allem, wenn es so viel Tradition hat wie dieses: Anfang des 20. Jahrhunderts genossen James Joyce und Albert Einstein, Thomas Mann und Friedrich Dürrenmatt hier ihren Kaffee und das Jugendstil-Ambiente, auch Wladimir Lenin gehörte zum Publikum. Kein Wunder, dass das Lokal immer noch vom Ruf eines Intellektuellentreffs zehrt. Wenn du dir in der Stadt mal eine Pause gönnen möchtest, ist das Odeon jedenfalls eine gute Option.

Limmatquai 2 | Tram: Bellevue | www.odeon.ch | @odeonzurich

40. CONDITOREI SCHOBER

Dieses besondere kleine Café im Herzen von Niederdorf ist das ganze Jahr über exquisit dekoriert. Jede Ecke hier ist ein Foto wert. Die heiße Schokolade, die Kuchen und anderen süßen Verlockungen sind geradezu dekadent gut! Der perfekte Ort für Naschkatzen! Am schönsten finde ich den edel dekorierten Salon Rouge mit seinen gemütlichen Sofaecken. Im Winter komme ich mindestens einmal auf eine Tasse heiße Schokolade hierher und suche mir dann einen Platz neben der Treppe – so habe ich den ganzen Raum im Blick und einen Hintergrund aus Weihnachtsschmuck für meine Bilder.

Napfgasse 4 | Tram: Rathaus | www.cafe1842.ch | @1842cafeconfiserie

SHOPPING

41. GLOBUS

Ein High-End-Kaufhaus mit wunderschön präsentierten Waren, aus der Region und aus der ganzen Welt. Ich mag es unheimlich, auf der Suche nach einem stylishen Accessoire oder einem Geschenk durch die Einrichtungsetagen zu streifen. Als Nicht-Schweizerin bekommst du hier zudem coole Einblicke in lokale Interior-Design-Trends. Meine zweite Lieblingsbeschäftigung hier ist die Delikatessen-Abteilung. Klar, hier werden Zürcher Preise verlangt, aber alles ist unfassbar lecker und edel. Und wenn du auf der Suche nach einer Leckerei als Souvenir oder als Geschenk bist – die Auswahl hier ist groß und schön verpackt.

Theaterstrasse 12 | Tram: Bellevue

42. FABRIKAT

Ein bisschen fragt man sich schon, an welchem Filmset von Tim Burton man hier gelandet ist! Denn die vielen Kleinigkeiten und die Einrichtung

Hier fühlt man sich wie in einem verrückten Tim-Burton-Film!

erinnern an Charlies Schokoladenfabrik oder Mr. Magoriums Wunderladen. Doch das Angebot ist weniger ausgefallen, denn hier gibt es Hochwertiges für den täglichen Gebrauch – von der Heftklammer über den Pinselreiniger bis zur Werkzeugkiste, vom mitwachsenden Babyjournal über die Werkzeugrolle zum Kartenportemonnaie, jede Menge Ideen für Atelier und Schreibtisch, für Küche und Werkstatt. „Working Goods“ nennen sie das hier – wenn du dich zu den Kreativen zählst, musst du unbedingt hierher. Oder wenn du für eine/n Kreative/n ein Mitbringsel suchst. Oder wenn du einfach etwas Stöbern möchtest.

Oberdorfstrasse 34 | Tram: Helmhaus
Filiale: Militärstrasse 76 | Bus: Kanonengasse

Nordosten

SEHENSWERTES

- 43 UNTERE UND OBERE LETTEN
- 44 ZOO ZÜRICH
- 45 DOLDER KUNSTEISBAHN
- 46 DYNAMO JUGENDKULTURHAUS

PARKS

- 47 IRCHELPARK

ESSEN & TRINKEN

- 48 NOOBA
- 49 SILBERKUGEL
- 50 KAFISCHNAPS
- 51 CAFÉ DES AMIS
- 52 SORBETTO ICE-CREAM!
- 53 GÄRTNEREI

Hallen-stadion
Messe Zürich
Oerlikon
Thurgauer-str.
Rennbahn
Saatlen
Herzogenmüli
Grindel
Ueberlandstrasse
Weststrasse
Glatt
426
11
Dörflistrasse
Schwamendingenstr.
448
428
Winterthurerstrasse
432
Hirzenbach
12
Friedhof
Unterholz
Schwamendingen
548
Ziegelhütte
Hüttenkopf
Probstei
Universität Zürich-Irchel
Leimbach
Gfellergut
Bannholz
Strickhof
Sack
Waldhüsli
559
Resiweiher
631
Zürichberg
Sagentobelbach
Sagentobel
NORDOSTEN
Elefantenhaus
Rigiblick
586
488
Klösterli
Zoo
Zürich
676
595
Masoala-Halle
44
Oberstrass
Susenberg
Fluntern
612
Tobelhof
609
FIFA
Universitätsstrasse
Frauen-klinik
536
606
Eidg. Tech. Hochschule
Universitätsspital
Wolfbach
508
Universität
446
45
Vorder-
634
-Adlisberg
Hinter-
Rämistr.
7
545
Dolder
Adlisberg
Weierholz
Oberberg
Kinderspital
Kunst-haus
Hottingen
Hottinger Strasse
Schauspiel-haus
Dolderbahn
52
Freiestr.
48
Asylstrasse
Degenried
578
Loore n
Unterberg

LOW $ BUDGET

TIPP
Megabeliebt: das Gummiböötli auf der Limmat. Lass dich treiben, z. B. vom Höngger Wehr und dem Wipkingerpark aus.

SEHENSWERTES

43. UNTERE UND OBERE LETTEN

Im Gegensatz zu den „glamouröseren“ Badis am See dreht sich im Letten alles ums Chillen. Hier legt man viel weniger Wert auf das Aussehen, das Publikum ist jung, entspannt und hip, und der Eintritt in die Badis ist frei. Es ist schon ein anderer Vibe als im Stadtzentrum und dennoch sehr zürich-like. Die meisten Touristen bekommen diesen Spot bei einem Kurztrip nicht zu sehen. Aber wenn du einen Freund in der Stadt hast (oder dieses TravelBook), bringt er dich höchstwahrscheinlich hierher, um dir „das echte Züri“ zu zeigen. Im Unteren Letten gibt’s ein Flussbad mit Schwimmkanal in der Limmat, inklusive Auffang-Becken am Ende des Kanals sowie ein Nichtschwimmerbecken – super für erste Kontakte mit dem Flussschwimmen. Die Badi Oberer Letten mit einer Schwimmstrecke von 400 m ist dagegen nur für gute Schwimmer geeignet.

Du musst übrigens nicht unbedingt in eine Badi gehen, um am grossen Wasserspaß in der Limmat teilzuhaben. Auch von anderen Uferbereichen aus kannst du zum Schwimmen gehen. Drehe eine Runde im Wasser, hol dir ein Bier to go aus einer der Bars am Ufer und genieße das bunte Treiben.

Lettensteg 10 | Tram: Limmatplatz

BUCKET LIST
Untere und Obere Letten

Hier ist Platz für einen Abdruck deiner nassen Hand.

TIPP

In einem gigantischen „Gewächshaus" wartet der Masoala Regenwald mit seiner Pflanzen- und Tierwelt. Der Baumkronen-Weg entführt dich zu den Baumwipfeln und deren Bewohnern.

44. ZOO ZÜRICH

Dieser Zoo ist wirklich viel mehr als ein Tierpark: Die Tiere bewegen sich hier in recht großen Gehegen, die so gut es geht ihrem Lebensraum nachempfunden sind. Dort haben die Tiere auch die Möglichkeit, sich vor den Besuchern zu verstecken – so geht das Ganze schon in Richtung Naturschutzzentrum. Ein Highlight ist auf jeden Fall der thailändische Kaeng Krachan Elefantenpark. Die wunderbare Wald- und Flusslandschaft mit seiner eindrucksvoll geschwungenen Dachkonstruktion bietet den Tieren in diversen Pools auch ausreichend Wasser für die Körperpflege. Aber vielleicht zieht es dich eher nach Australien? In der Anlage triffst du auf Koalas, Kängurus, Riesenwarane und andere faszinierende Tiere. Oder wie wäre es mit einem Trip in die mongolische Steppe? Hier leben Trampeltiere, Hausyaks und Kaschmirziegen neben einem kleinen Jurtendorf. Wenn du an dem Erlebnisprogramm „Nachtwandeln im Zoo" teilnimmst, kannst du hier sogar übernachten.

Nach so vielen Eindrücken brauchst du bestimmt mal eine Pause: Lasse dich in der Thailodge nieder und sieh weiter den Dickhäutern zu oder wähle eines der anderen Restaurants und Cafés.

Zürichbergstr. 221 | Tram: Zoo

45. DOLDER KUNSTEISBAHN

Schlittschuhlaufen oben auf dem Berg! Die Dolder-Eisbahn von 1930 ist eine der größten Freiluft-Eisbahnen in Europa und definitiv die größte in der Stadt. Von Oktober bis März kannst du dich hier dem Eisvergnügen hingeben. Schon die Anreise mit der Dolderbahn ist ein kleines Abenteuer: Steil führt der Weg hinauf durchs Villenviertel und dann hinauf in den Wald auf dem Adlisberg, wo auch das Luxushotel The Dolder liegt. Ich komme gern am Nachmittag hierher und bleibe für den Sonnenuntergang. Die tolle Illumination und die super Musik sorgen für eine romantische Atmosphäre. Schlittschuhe kannst du ganz einfach vor Ort ausleihen, und falls du hier deine ersten Schritte auf dem Eis wagst, schnappst du dir einen Pinguin zum Festhalten. Das ganze Wintervergnügen lässt du dann mit Snacks und Schweizer Gerichten im Restaurant ausklingen.

Das Areal ist aber auch im Sommer richtig, richtig schön: Tolle Wanderwege, Minigolf, Wellenbad … hier kannst du definitiv aktiv werden!

Adlisbergstr. 36 | Tram: Bergstation Dolderbahn

Sobald der erste Schnee in Zürich fällt, ist die Dolder Kunsteisbahn hoch auf dem Adlisberg der absolute place to be!

TIPP
Um die Ecke lockt das „Focus Terra" der ETH Zürich mit modernen Ausstellungen sowie Erdbeben & Tsunami auf Knopfdruck!

46. DYNAMO JUGENDKULTURHAUS

Als das Dynamo 1988 in Betrieb ging, war es noch von einer offenen Drogenszene umgeben. Heute ist es ein quirliger, lebhafter Ort, wo Jugendliche und junge Erwachsene ihren kreativen Impulsen nachgehen können. Es gibt hier offene, super ausgestattete Werkstätten und diverse Kurse zu den Themen Textil- und Metallbearbeitung, Mediengestaltung, Schmuckherstellung, aber auch zum Nähen, zu Theater und Tanz. Dazu finden im Jugendkulturhaus unzählige Konzerte und Partys statt. So hat sich das Dynamo zu einem Magneten für die junge kreative Generation entwickelt, die gerne auch auf den Quaimauern der Limmat chillt, wenn gerade Entspannungsphasen angesagt sind. Unbedingt mal vorbeischauen und die einzigartige Atmosphäre auf dich wirken lassen.

Wasserwerkstrasse 21 | Tram: Beckenhof

TIPP
Im Irchelpark findest du überall perfekte Grillstellen und Picknickplätze!

PARKS

47. IRCHELPARK

Im Park der Universität ist wirklich jeder willkommen: Studierende und Dozenten genauso wie Familien, Jogger, Naturliebhaber und Touristen. In diesem naturnahen, 32 ha großen Park findest du einen super Ausgleich zu den Highlights der City. Naturwiesen, ein hübscher See und wunderbare Bäume bieten eine tolle Naturkulisse, dabei schirmen dich die Bäume und Büsche super von den Straßen rundum ab. Auf dem traumhaften See tummeln sich zahlreiche Enten und so hast du hier eine wunderbare Location, um die Seele baumeln zu lassen und die bisherigen Eindrücke zu verarbeiten.

Wenn du noch Lust auf eine kleine Tour hast, steigst du die Treppe zur Uni hinauf, durchquerst den Campus, gehst am Bauernhof entlang und steigst dann hinauf zum Monte Diggelmann, von dem du einen genialen Blick über die Stadt hast.

Hirschwiesenstr. 10 | Tram: Irchel

Kafischnaps

ESSEN & TRINKEN

48. NOOBA

„Noobar“? Ach logo, „Noodle“ und „Bar“! Du findest hier eine ziemlich moderne Location im Asia Chic mit Pan Asian Cuisine. Die Küchenchefs kreieren hier Thai-Curries, Dim Sum, Frühlingsrollen und viele weitere asiatische Köstlichkeiten, die in Europa beliebt sind. Alles wird frisch zubereitet. Bei schönem Wetter schmeckt es an den Holztischen auf der Sonnenterrasse besonders gut. Dazu gibts z. B. Sake, thailändisches oder chinesisches Bier, eine große Auswahl an exklusiven Tees und diverse Softdrinks. Falls du noch Platz für ein Dessert hast, hast du die Wahl zwischen Ingwer-Panna-Cotta, süßem Klebreis, hausgemachter Mousse …

Kreuzplatz 5 | Tram: Kreuzplatz | www.nooba.ch | @nooba_panasian

49. SILBERKUGEL

Wenn's schnell gehen soll und du ein breites Fast-Food-Angebot suchst, ist die Silberkugel eine Top-Adresse. Außerdem ist sie ein echter Zürich-Klassiker, denn hier werden schon seit 1962, also als das Fast-Food in Europa noch in den Kinderschuhen steckte, Burger gebraten. Und es gibt einfach alles: Salate, Sandwiches, Toasts, Birchermuesli, Burger natürlich (in zwölf Varianten), Steaks und Filets von Rind oder Pferd, das klassische Kalbsschnitzel, Pastagerichte, Pommes und Süßes. Du hast die Qual der Wahl.

Franklinstr. 11 | S-Bahn: Zürich Oerlikon | www.silberkugel.ch

50. KAFISCHNAPS

Die ehrliche Café-Bar mitten in Zürich punktet mit ihrer genialen Mischung aus bewährter Beizentradi-

BUCKET LIST

Nooba

tion und urbanem Lifestyle. Hier treffen sich alte und junge Bewohner des Quartiers, aber die Pension des Kafischnaps lockt auch Besucher aus der ganzen Welt an diesen Ort. Morgens bekommst du hier ein geniales Frühstück, Kafi Complet oder Kafi Supplement, natürlich mit Birchermüsli, Brotaufstrich-Kreationen und anderen Leckereien. Mittags sind sensationelle Rösti, Suppen und hausgeräucherte Fischspezialtitäten sowie ein wechselndes Menu im Angebot. Und natürlich darf auch der ausgesuchte Schnaps an der Bar nicht fehlen. Ein place to be!

Kornhausstr. 57 | Tram: Limmatplatz | www.kafischnaps.ch | @kafi_schnaps

51. CAFÉ DES AMIS

Das Café ist der Treffpunkt des Quartiers. Es ist berühmt für seine epischen Wochenend-Brunchs, aber du kannst hier den ganzen Tag über vorbei kommen. Du hast die Wahl zwischen einem hellen und luftigen Innenraum und der gemütlichen, sonnigen Terrasse. Mittags kreieren die Küchenchefs jeweils zwei himmlische Menüs, eines davon ist oft vegan. Oder du wählst die Wochenpasta, Quiche, Rinds-Tatar oder eine der vielen anderen Köstlichkeiten. Wenn du auf Süßes stehst, findest du hier aber auch delikate Muffins und diverse Kuchen.

Nordstr. 88 | Bus: Nordstrasse | www.desamis.ch

52. SORBETTO ICE-CREAM!

Der Eis-Himmel auf Erden! Und es ist wahr: Die berühmten weißgelb gestreiften 100-ml-Kübeli sorgen für echte Glücksgefühle – egal, ob du die Sorbetto Ice Creams wählst oder die veganen Sorbets. Die Ice Cream gibt es in den klassischen Sorten, aber wie wäre es mal mit Matcha-Grüntee und Fior di Latte? Bei den Sorbets kannst

Egal, ob epischer Wochenend-Brunch oder kleiner Lunch – das Café des Amis ist immer eine gute Wahl!

Ganz nach dem Motto „create your own" stellst du dir deine Gerichte in der Gärtnerei selbst zusammen!

du wählen zwischen Ingwer-Limette, Passionsfrucht, Erdbeere und vielen Sorten mehr. Die Spezialitäten von Heinz Entzeroth und seinem Team sind der Glacé-Gugelhupf – ein super Instamotiv! – und die Cassata. Übrigens fuhr der „Chef Glacier" bereits in den 1980er-Jahren mit Fahrrad und Eiswaggon durch Zürich.

Neptunstr. 49 | Tram: Englisch-Viertelstrasse | www.sorbetto.ch | @sorbetto_perfetto

53. GÄRTNEREI

Das stylishe Ambiente ist geprägt von einer schlichten Einrichtung aus hellem Holz und vielen grünen Pflanzen. Die Macher haben sich auf die Fahnen geschrieben, die Zutaten aus der Region zu beziehen. So ist das Essen hier supergesund und megalecker. Und das Beste: Du kannst dir hier deine eigenen Gerichte zusammenstellen – create your own! Wenn du dazu keine Lust hast, wählst du von der Karte eine der köstlichen Salatvariationen, Bowls, Wraps oder eine Suppe. Raffiniert sind auch die verschiedenen Getränke-Kreationen. Mehrere Filialen in Zürich.

Thurgauerstr. 34 | Tram: Leutschenbach | www.gartnerei.ch | @gartnerei

ZÜRICH
Am Zürichsee

Der Zürichsee ist DIE Attraktion der Stadt, und so lässt sich am linken und rechten Seeufer, im Seefeld und in der Enge, jede Menge erleben. Vor allem in den Badis verbringt man viele Stunden mit Lesen, Bräunen, Picknicken und Entspannen. Durch die Parks schlendern, Stand-up-Paddling und kulinarische Köstlichkeiten probieren – all das und einiges mehr steht hier auch auf der To-do-Liste.

ERLEBNISHIGHLIGHTS

AM ZÜRICHSEE

> **KULTUR HAUTNAH IN DER FABRIK ERLEBEN**
> **DIE BESTEN STRUDEL VERPUTZEN**
> **AUSGIEBIGES SECOND-HAND-SHOPPING**
> ....
> ....
> ....

Trendviertel mit reicher Architektur und dörflichem Charme

Am Zürichsee

SEHENSWERTES

54 ZÜRICHS SCHÖNSTE BÄDER

55 ROTE FABRIK

56 SPAZIEREN AM SEE & SUP STADTTOUR

57 THERMALBAD & SPA ZÜRICH

58 PAVILLON LE CORBUSIER

59 VILLA PATUMBAH

PARKS

60 ZÜRICHHORN

61 BOTANISCHER GARTEN

62 BELVOIRPARK

ESSEN & TRINKEN

63 POUSHE STRUDELHAUS

64 RAZZIA

65 GELATI AM SEE

66 ROOFTOP LA MUÑA

67 STRIPPED PIZZA

68 BLINDEKUH ZÜRICH

69 IYKYK

70 FISCHER'S FRITZ

71 LA STANZA

SHOPPING

72 MONOCLE SHOP & CAFÉ

73 BARBAR VINTAGE

FOTO TIPP

Die Badi Utoquai ein Insta-Spot? Zu 100 %, vor allem wenn die Sonne hinter dem Uetliberg verschwindet und den See in alle möglichen Farben taucht.

SEHENSWERTES

54. ZÜRICHS SCHÖNSTE BÄDER

Wenn du im Sommer nach Zürich kommst, solltest du unbedingt deinen Bikini einpacken! Denn in Zürich kühlt man sich bei heißen Temperaturen in den vielen Badis der Stadt ab.

SEEBAD UTOQUAI

Wenn es nur einen Ort in Zürich gäbe, an den ich für den Rest meines Lebens gehen könnte, wäre es dieser. Die Lage an der Goldküsten-Seite des Sees garantiert bei entsprechendem Wetter den ganzen Tag über Sonne pur, so kannst du auch noch am Nachmittag herkommen und einen perfekten Sommerabend genießen. Dann solltest du unbedingt bis zum Sonnenuntergang bleiben (vom Wasser aus ist er besonders schön!). Es gibt ganztägig ein Buffet mit Salaten, Eis und Getränken – du kannst aber auch deine eigenen mitbringen.

Utoquai 50 | Tram: Kreuzstrasse

STRANDBAD MYTHENQUAI

Diese Badi hat eine große Grünfläche und einen 250 m langen Sandstrand, von dem aus man bequem ins Wasser gehen kann. Es gibt auch Sprungplattformen und Tischtennisplatten sowie ein Restaurant und Grillplätze.

Besonders bei Familien ist diese Badi deshalb beliebt! Die Sonne versteckt sich früher hinter dem Berg als auf der anderen Seeseite, daher ist die beste Zeit für einen Besuch morgens und am frühen Nachmittag. An einem klaren Tag kannst du von hier jedoch die Alpen sehen.

Mythenquai 95 | Tram: Brunaustrasse

SEEBAD ENGE

Die „Sehen-und-Gesehen-werden“ der Zürcher Badis zieht vor allem das junge und absolut modische Publikum der Stadt an. Wenn du hier deinen „Ibiza“-Bikini trägst, passt du genau rein. Morgens, wenn hier die Sonne über dem See aufgeht, kann man sich ein SUP mieten, um die Stimmung einzufangen. Ich komme gerne tagsüber hierher, weil man die Berge an den Wolken kratzen sieht, während man auf dem Pier liegt, und weil das Essen so lecker ist. Der Koch zaubert nämlich die köstlichsten Gerichte für ein Mittagessen – alles wird frisch mit lokalen Zutaten zubereitet. Am Abend verwandelt sich die Badi dann in eine Bar.

Mythenquai 9 | Tram: Rentenanstalt

STRANDBAD TIEFENBRUNNEN

Die Badi Tiefenbrunnen bietet große Rasenflächen zum Entspannen, ein Nichtschwimmerrondell im See (eine moderne im See schwimmende, kreisrunde Holzkonstruktion), einen Teepavillon mit Aussichtsterrasse und seichtes Wasser. Dazu einen Sprungturm und einen FKK Bereich bei den Sonnenterrassen.

Bellerivestrasse 200 | Tram: Bahnhof Tiefenbrunnen

Die Frühstücks-Açai-Bowls im Seebad Enge sind nicht nur super lecker, sondern sehen auch hübsch auf Fotos aus!

55. ROTE FABRIK

In der Roten Fabrik ist jede Menge los, hier pulsieren Leben und Kultur: In dem alternativen Kunstzentrum am See finden Tanz- und Theatervorstellungen sowie Filmvorführungen statt. Außerdem wird auf verschiedenen Bühnen Live-Musik aller Genres gespielt, von Hip-Hop über Rock bis hin zu Jazz. Und das Tolle daran: Du musst für die Veranstaltungen nicht tief in die Tasche greifen!

Dass die Kulturfabrik diverse Sparten bedient, ist überall in der ehemaligen Seidenfabrik bemerkbar. In über 100 Ateliers lassen Künstler ihren Ideen freien Lauf, in der Shedhalle werden Kunstwerke präsentiert und in Arbeitsgruppen sind Jugendliche kreativ. **Von so viel Kultur Appetit bekommen? Im Restaurant Ziegel oh Lac kannst du preiswert essen.**

Seestrasse 395 | Bus: Rote Fabrik, Tram: Post Wollishofen

LOW $ BUDGET

BUCKET LIST
Rote Fabrik

Erfinde ein eigenes Graffiti
oder zeichne eins ab.
(Ein Konzert-Ticket oder ein Foto
einkleben geht natürlich auch :)

56. SPAZIEREN AM SEE & SUP-STADTTOUR

Seiner Lage am Zürichsee verdankt Zürich eine große Portion des speziellen Flairs hier. Strandpromenaden, der Blick auf Ausflugsschiffe und Segelboote, die übers Wasser gleiten … einfach herrlich! Was also läge näher, als Zürich und sein Feeling kennenzulernen, indem du einen ausgiebigen Spaziergang am See unternimmst? Am Ufer gibt es einige Attraktionen, die alle Ziel einer Wanderung sein können oder wo du zwischendurch mal eine Laufpause einlegst. Die Sukkulenten-Sammlung bietet sich zum Beispiel an (Insta-Spot von S. 94).

Auf wirklich ganz spezielle Art erlebt man Zürich bei einer Stand-up-Paddle-Stadtführung. Begleitet von SUP-Instruktoren geht's auf dem Board im Sommer zu spannenden Orten, an den Ufern des Sees entlang und zum Schanzengraben. Die Guides erzählen auch noch Wissenswertes über die Stadt. Was will man mehr?!

TIPP

Schnelles Sightseeing: Eine Fahrt mit der Tram 4 oder der Buslinie 31 vermittelt dir bequem einen Überblick über Zürich.

57. THERMALBAD & SPA ZÜRICH

Wenn du zufällig an einem kalten und grauen Tag in Zürich bist, dich bereits an alle malerischen Orte gewagt hast und deine Hände vom Fotos schießen eingefroren sind – dann bist du bereit, nach drinnen zu gehen, das Telefon wegzulegen und einige Stunden im Thermalbad & Spa Zürich zu genießen. Es warten auf dich ein irisch-römisches Bad (jeden ersten Dienstag im Monat nur für Frauen), Saunen und ein Infinity-Pool auf dem Dach – mit tollem Blick auf ganz Zürich, besonders nachts. Plane genügend Zeit für den Besuch in den Gewölben der früheren Bierbrauerei ein, um das volle Verjüngungserlebnis mitzubekommen; das römisch-irische Spa-Ritual allein dauert zwei Stunden.

Brandschenkestrasse 150 | Tram: Bahnhof Enge

> **TIPP**
> Abschalten lässt es sich wunderbar im Hammam „Basar + Salon" (Mühlebachstr. 157–159). Meist nach Geschlechtern getrennt, es gibt auch Angebote für Paare.

58. PAVILLON LE CORBUSIER

Kaum ein Museum in Zürich ist so Insta-tauglich wie dieses! Und noch besser: Die meisten Besucher wissen das nicht. Dies ist das letzte Gebäude, das der berühmte schweizerisch-französische Architekt Le Corbusier entworfen hat – und das Einzige von ihm, das sich in der Schweiz befindet. Die Galeristin und Bauherrin Heidi Weber gab ihm damals den Auftrag, ein Gesamtkunstwerk zu erschaffen. Der Pavillon besteht komplett aus Glas und Stahl – für Corbusiers Baukunst einzigartig – und liegt inmitten einer Grünfläche am Ostufer des Zürichsees. Er fällt besonders durch sein freistehendes Dach auf und durch die farbigen Elemente. Das Äußere erinnert mich an ein Mondrian-Gemälde. Die Hallen drinnen sind mit Designermöbeln ausgestattet und präsentieren Ausstellungen des Museums für Gestaltung .

Höschgasse 8 | Tram: Höschgasse

FOTO TIPP FOTO TIPP

Die Hallen innen haben das perfekte Licht für Fotos! Und auch von außen macht der Pavillon mit dem Dach aus zwei Stahlschirmen einiges her.

59. VILLA PATUMBAH

Ein Heimatmuseum, das wie eine alte Filmkulisse aussieht: dramatische Treppen, romantische Bänke und ein Hofbrunnen, in dem sich die prunkvolle Villa spiegelt. Und das Innere des Gebäudes, früher Residenz eines Tabakpflanzers, ist genauso pompös. Im Erdgeschoss der Patumbah-Villa befindet sich heute eine Dauerausstellung über Baukultur. „Patumbah" ist übrigens Malaiisch und heißt übersetzt „ersehntes Land".

Auch wenn du dich nicht für das Museum interessierst, kannst du kostenlos die Gärten betreten und den hübschen gepflegten Park der Villa im englischen Stil genießen. Mein Lieblingsplatz für Fotos ist die Treppe der Villa. Vor allem im Frühling, wenn die Magnolienbäume blühen.

Zollikerstrasse 128 | Tram: Fröhlichstrasse

PARKS

60. ZÜRICHHORN

Die idyllische Parkanlage Zürichhorn verläuft langgestreckt am Ostufer des Zürichsees und wird gerne von Einheimischen und Touristen besucht. Sie lädt zum Kraft tanken abseits des Stadttrubels ein, zum Sonnenbaden und Picknicken. Neben dem gemütlichen Teil geht es aber auch actiongeladener zu. Hier kann man Rad fahren und Fussball spielen, schwimmen und joggen, und im Sommer gibt's ein Open-Air-Kino.

Besonders für lange Spaziergänge eignet sich der gepflegte Park – dann erlebt man neben Blumen und dem alten Baumbestand Reliefs, interessante Bauwerke und moderne Kunst. Über den ganzen Park verstreut stehen Skulpturen, darunter die bekannte Bronzeplastik „Sheep Piece" von Henry Moore und das kinetische Eisenobjekt „Heureka" des Schweizer Künstlers Jean Tinguely.

Bellerivestrasse 138 | Tram: Höschgasse

TIPP

Beim Zürichhorn begeistert der Chinagarten (Bellerivestrasse 138), ein Tempelgarten mit Bambushainen, Pavillons, Teichen und einem kleinen farbigen Palast.

Nichtschwimmerrondell im nahe gelegenen Strandbad Tiefenbrunn (S. 85)

LOW $ BUDGET

Im Winter hat ein Besuch hier etwas Paradoxes: In den feuchtwarmen Glasgebäuden bestaunst du blühende Kakteen, in der Ferne schneebedeckte Berge.

61. BOTANISCHER GARTEN

Wie wärs zur Abwechslung mit einem Ausflug in die Tropen? Fünf Hektar groß ist der Botanische Garten der Universität Zürich mit drei futuristischen Glaskuppeln und ca. 7000 Pflanzenarten – ein grüner Ort der Erholung. Im Frühjahr ist es hier am schönsten, wenn im Freien alles blüht. Aber auch die tropischen Gewächshäuser sind das ganze Jahr über fotogen (und warm!).

Auf der anderen Seite des Zürichsees herrschen ebenfalls tropische Temperaturen, und zwar in der Städtischen Sukkulenten-Sammlung (Mythenquai 88). Vor ein paar Jahren gab es eine Zeit auf Instagram, in der Kakteen der letzte Schrei waren und diese Sukkulenten-Sammlung so häufig besucht und fotografiert wurde, dass das Management am Eingang ein „Fotografieren verboten!" Schild aufstellen musste. Die Sammlung ist aber auf jeden Fall einen Besuch wert, denn es fühlt sich an, als würdest du eine Oase betreten. Tolle Nachrichten: Sowohl der Eintritt zum Botanischen Garten als auch der zur Sukkulenten-Sammlung ist frei.

Zollikerstrasse 107 | Tram: Höschgasse

62. BELVOIRPARK

Der Belvoirpark und sein ebenso schöner Nachbar, der Rieterpark, sind die beiden großen grünen Flecken in diesem Viertel; sie eignen sich perfekt für einen malerischen Spaziergang oder eine Pause. Beide sind besonders schön im Frühling, wenn du im Rieterpark etwa Ende März blühende Magnolien entdecken kannst und im Belvoirpark Mitte April unter ihrer Blütenpracht beinahe zusammenbrechende Glyzinien. Ein alter, exotischer Baumbestand und ein Iris- und Tagliliengarten mit über 100 Sorten gehören ebenfalls zum Belvoirpark, von dem aus sich ein schöner Blick auf Zürich, den See und die Alpen eröffnet.

Seestrasse 141 | Tram: Brunaustrasse

Ganz viel Lila, Bläulich, Weiß und natürlich Grün – der Belvoirpark mit seinen hohen Bäumen, weiten Wiesen und schönen Blumen bietet dir zahllose Fotomotive. Besonders hübsch sehen die Glyzinien aus.

TIPP

Das Hotel Ambassador bietet Gourmet-Picknickkörbe für zwei Personen an. Hol dir einen und genieß die Leckereien romantisch im Park.

ESSEN & TRINKEN

63. POUSHE STRUDELHAUS

In den vier Filialen von Poushe Strudelhaus bekommst du täglich handgemachte bulgarische Strudel – nach traditionellem Familienrezept, aber auf moderne Art umgesetzt und in zahlreichen Varianten! Zubereitet werden sie mit frischen regionalen Zutaten, auf Wunsch auch vegan oder glutenfrei. Neben den süßen Varianten wie dem klassischen Apfelstrudel mit Zimt gibt es auch herzhafte Optionen, darunter den einfach köstlichen Spinat-Feta-Strudel. Das Angebot wird abgerundet durch Kaffeevariationen und ein Buffet mit Salaten, Gemüse, Linsenspeisen und Superfood. Geleitet werden die Filialen von der sympathischen Gründerin Ivanka und ihren drei Töchtern.

Waffenplatzstrasse 5 | Tram: Waffenplatzstrasse | www.poushe.ch | @poushe_swiss

64. RAZZIA

Ja, da steht wirklich eine 5 m hohe Giraffe neben der Wand! Zarafa ist aber nicht der einzige Hingucker im Razzia Restaurant mit Bar: Glitzernde Kronleuchter und restaurierte Fresken lassen in einem Prachtsaal mit 6 m hohen Decken das Flair der Belle Époque aufkommen, hier weht ein Hauch vergangener, glamouröser Zeiten. Auf den Tisch kommen Gerichte aus aller Welt, in der begehbaren Weinschatzkammer wählt man

Knusprig, saftig, süß!

BUCKET LIST
Poushe Strudelhaus

Probiere dich durch die riesige Auswahl an Strudel und bewerte sie:

MEIN STRUDEL-TASTING

STRUDEL-NAME	RATING
	☆☆☆☆☆
	☆☆☆☆☆
	☆☆☆☆☆
	☆☆☆☆☆
	☆☆☆☆☆
	☆☆☆☆☆
	☆☆☆☆☆
	☆☆☆☆☆

selbst seinen Wein aus. Das hübsche Interieur und das köstliche Essen haben ihren (zugegeben nicht unbedingt niedrigen) Preis, aber ein Besuch in dem einstigen Stummfilmkinosaal wird dich beeindrucken. Passend zur Location im Seefeld werden gelegentlich montags Filme gezeigt.

Seefeldstrasse 82 | Tram: Feldeggstrasse | www.razzia-zuerich.ch | @restaurantrazzia

65. GELATI AM SEE

Das Beste an diesem Eisstand ist nicht, dass er mit das leckerste Gelato der Stadt hat, oder dass jede Kugel nur 3 Franken kostet (ein Schnäppchen für hiesige Verhältnisse!) – es ist die Location. In einer schattigen Ecke an der Seepromenade gelegen kann man den mobilen Eiswagen ganz einfach erreichen, wenn man einen Spaziergang macht, auf dem Weg zu einem sonnigen Picknick ist oder eine Pause vom Baden im See braucht. Das Problem: Damit du wiederkommst, gibt dir der freundliche Mann am Kiosk ein „Probiererli", auf deine Bestellung obendrauf. Und dann ist die Versuchung groß …

Seefeldquai | Tram: Höschgasse | www.gelati1998.ch | @gelati1998

Weiß-hellblauer Glacéstand im schönen Retro-Design mit dem Gelati-Logo obendrauf, im Hintergrund der glitzernde blaue See – mehr braucht es nicht für einen super Insta-Spot.

FOTO TIPP

Abends muss man für das Dinner im La Muña lange im Voraus reservieren, aber es lohnt sich – wegen der Fotos bei Sonnenuntergang und der Atmosphäre am See, wenn die Lichter in der Dämmerung zu schimmern beginnen.

66. ROOFTOP-RESTAURANT LA MUÑA

Wenn du auf der Suche nach einem unvergesslichen Dinner-Date-Spot bist, besuche die Dachterrasse des Fünf-Sterne-Hotels La Réserve Eden au Lac. Komplett renoviert im Jahr 2020 und in unschlagbarer Lage direkt am See ist dies der Ort, an dem man sich dem Zürcher Luxus-Lifestyle hingeben kann – großartige Aussichten, erstklassiges Essen (japanisch-peruanische Küche!) und die berühmten schweizer Preise. Wirf einen Blick durch den perlenden Champagner in deinem Glas in Richtung Wasser: Das Bild der Boote, das durch die Champagner-Bläschen funkelt, wird dir sicher in Erinnerung bleiben.

Tagsüber ist die Dachterrasse übrigens eine Bar und weniger überlaufen. Sollte es mal regnen, ist der gemütliche Innenraum des Rooftop-Restaurants eine tolle Alternative.

Uoquai 45 | Tram: Kreuzstrasse | www.lareserve-zurich.com/restaurants/la-muna | @ lareserve_edenaulac_zurich

Bunte Salate, üppig belegte Pizzen ... was bei dir drauf kommt, kannst du selbst bestimmen.

67. STRIPPED PIZZA

Der Name verrät es schon: Hier gibt es Pizza – aber in gesund und ohne Zusatzstoffe! Außerdem kannst du im angesagten Stripped Pizza den italienischen Klassiker nach deinen Wünschen zusammenstellen. Zuerst suchst du dir einen von drei Teigen für den Pizzaboden aus (Mehrkorn, Vollkorn-Leinsamen oder glutenfrei), dann entscheidest du dich für eine Sauce und sechs frische Toppings, z. B. Zucchini, Granatapfelkerne, Spinat, Ziegenkäse, Tiroler Speck, Büffelmozzarella ... Die #Foodporn-Pizza eignet sich übrigens mit ihrer pinken Rote-Bete-Cashew-Sauce super für einen Insta-Post!

Und wer mal keine Lust auf Pizza hat, bestellt sich einen Salat oder einen frischen Smoothie. Neben dem Laden im Seefeld gibt's eine weitere Filiale am Talacker 41.

Seefeldstrasse 88 | Tram: Feldeggstrasse | www.stripped-pizza.com | @strippedpizza

68. BLINDEKUH ZÜRICH

1999 eröffnet, ist dies weltweit das Original unter den Dunkelrestaurants. Hier speist man sprichwörtlich „mit allen Sinnen" – naja nicht ganz, denn im stockfinsteren kannst du die leckeren Speisen nicht sehen und bist auf deine Geschmacksnerven und deinen Geruchssinn angewiesen. Die Idee dahinter: sehenden Menschen Einblicke in die Welt der nicht Sehenden zu bieten. Das Personal – blinde, sehbehinderte und sehende Menschen (z. B. der Koch) – serviert das Essen, begleitet die Gäste an ihre Plätze und zu den (beleuchteten) Toiletten.

Mühlebachstrasse 148 | Tram: Höschgasse | www.blindekuh.ch | @blindekuh_zuerich

69. IYKYK

Ausgezeichnete Kaffeespezialitäten, französische Patisserie aus dem Atelier Okashi und amerikanische Sandwiches mit einer leicht asiatischen Note – das bekommst du im „If you know, you know." Das IYKYK wurde erst vor Kurzem im Seefeld eröffnet und garantiert leckeres Essen, ist es

doch ein Projekt von den Besitzern des beliebten Café Mame und des japanischen Restaurants Gaijin. Als Dritter im Bund ist Toma, ein Bio-Wein-Shop, beteiligt.
Die warmen Sandwiches, deren Zutaten es auch als Bowls und Salate gibt, sowie der grüne Matcha-Latte schmecken nicht nur lecker, sondern machen sich auch gut auf Fotos!

Holbeinstrasse 25 | Tram: Kreuzstrasse | www.iykyk.ch | @iykyk_zh

70. FISCHER'S FRITZ

Fischer's Fritz ist nicht nur ein Restaurant, das an einen Beach Club erinnert, sondern umfasst auch einen schönen Campingplatz in der Stadt – hier erlebt man hautnah das Zürcher Feeling und genießt eine entspannte Urlaubsatmosphäre.
Im Restaurant wird frischer Fisch vom eigenen Fang aus dem Zürichsee serviert; daneben warten noch ein Laden, ein Strand mit Liegestühlen und Sportmöglichkeiten. Hier kannst du super zuerst dein Essen für Instagram und dann dich auf dem Board beim Stand-up-Paddling fotografieren (lassen)!

Seestrasse 559 | Bus: Stadtgrenze | www.fischers-fritz.ch | @fischers.fritz.zh

71. LA STANZA

Das La Stanza gilt als einer der authentischsten Orte für einen tollen italienischen Kaffee. Ich liebe sein fotogenes Interieur und die helle Ecke, in der man stundenlang an seinem Laptop arbeiten kann. Es ist aber auch ein großartiger Ort, um gut gekleidete Banker zu beobachten, die ihren Koffeinbedarf decken. Neben Espresso, Cappuccino & Co. gibt es Brioche, Sfogliatelle, Focacce, Pasta und Salate zum Essen. In der Mittagspause wird es schnell voll, in den Nachmittagsstunden ist es etwas entspannter. Abends macht der Kaffee den Cocktails und Weinen Platz, und man kann das typisch „Zürcherische“ erleben, wenn man draußen auf dem Bürgersteig steht und mit einer Gruppe von Freunden laut und fröhlich die Drinks genießt.

Bleicherweg 10 | Tram: Paradeplatz | www.lastanza.ch | @lastanzazurich

Fischer's Fritz

SHOPPING

72. THE MONOCLE SHOP & CAFÉ

Laden und Café, die vom Nachrichten- und Lifestyle-Magazin „Monocle“ betrieben werden, strahlen eine kosmopolitische Atmosphäre aus. Es ist ein trendiger internationaler Spot, versteckt in einer schönen Straße in Seefeld. Hier kannst du Kaffee trinken und Bücher, Zeitschriften, Schreibutensilien und Accessoires wie Taschen oder Kleidungsstücke shoppen. Für den kleinen Hunger gibt’s Croissants, Sandwiches und japanisches Gebäck.

Dufourstrasse 90 | Tram: Feldeggstrasse

73. BARBAR VINTAGE

Wenn du auf „Thrifting“ stehst, ist der Barbar-Vintage-Store eine der besten Adressen in Zürich für dich! Hier wartet eine coole Auswahl von Second-Hand-Kleidung für Männer und Frauen: Shirts, Sweater, Jeans, Mäntel, Sommerkleider … einfach alles für deine unterschiedlichen Looks. Komm hierher und finde etwas Einzigartiges – mit etwas Glück stößt du vielleicht sogar auf den einen oder anderen preiswerten Vintage-Schatz! Übrigens: In der Umgebung gibt es viele nette Cafés und Bistros für die After-Shopping-Pause.

Bleicherweg 70 | Tram: Tunnelstrasse

TIPP

Die Dufourstraße ist einer der fotogensten Teile von Seefeld – schlendere an ihr entlang und mache Fotos von den herrschaftlichen Gebäuden und den begrünten Gassen.

The Monocle Shop & Café

BUCKET LIST

Barbar Vintage

Cooles Vintage-Stück ergattert? Klebe hier das Etikett oder ein Foto ein und recherchiere z.B., was es einmal gekostet hat oder aus welcher Ära es stammt.

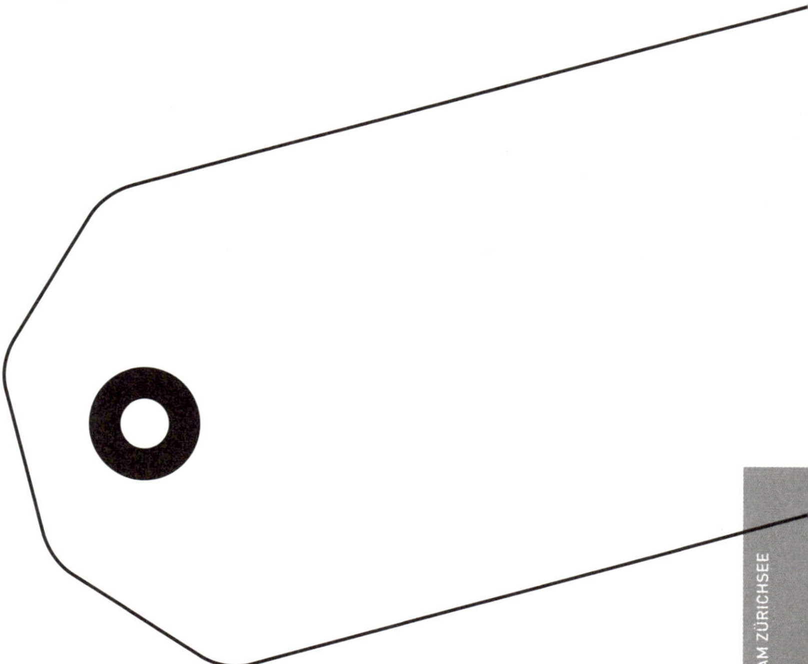

Was ist es? ______________________________

Was hat es mal gekostet? ______________________________

Aus welcher Zeit stammt es? ______________________________

20
ERIA

ZÜRICH Westen

Lust auf Shopping oder Party? Die aktuell angesagteste Ausgehmeile der Stadt ist die Langstrasse, die hippste ist im Viadukt zuhause, die jüngste in der Europaallee – alle natülich im coolen Westen gelegen. Zum Seelebaumelnlassen empfiehlt sich Frau Gerolds Garten, das Löwenbräu-Kunst-Areal ist ein Mekka für Gegenwartskunst. Langweilig wird dir hier also ganz sicher nicht!

ERLEBNISHIGHLIGHTS WESTEN

> **SPIEL, SPORT, GRILL UND PARTY AUF DER JOSEFSWIESE**

> **WELLENREITEN IM GEROLD-QUARTIER**

> **KÜHLE ZUFLUCHT UETLIBERG**

> **SHOPPEN IM FREITAG FLAGSHIP STORE**

> ....

> ....

> ....

Lokale Vibes, große Kunst und ein tolles Panorama

Westen

SEHENSWERTES

- 74 LANGSTRASSE
- 75 FRAU GEROLDS GARTEN
- 76 IM VIADUKT
- 77 IDAPLATZ
- 78 EUROPAALLEE
- 79 MUSEUM FÜR GESTALTUNG
- 80 LÖWENBRÄU-KUNST-AREAL
- 81 URBANSURF ZURICH
- 82 UETLIBERG

PARKS

- 83 JOSEFSWIESE
- 84 SPORTANLAGE SIHLHÖLZLI

ESSEN & TRINKEN

- 85 GELATI TELLHOF
- 86 CAFÉ BEBEK
- 87 COMING SOON
- 88 BAR SACCHI
- 89 TSCHINGG
- 90 LES HALLES
- 91 SPHÈRES
- 92 KAFI DIHEI
- 93 LA TAQERIA
- 94 OLIF
- 95 CO CHIN CHIN

SHOPPING

- 96 FREITAG FLAGSHIP STORE
- 97 SIHLCITY
- 98 HELVETIAPLATZ
- 99 ZÜRCHER BROCKENHAUS
- 100 SOEDER

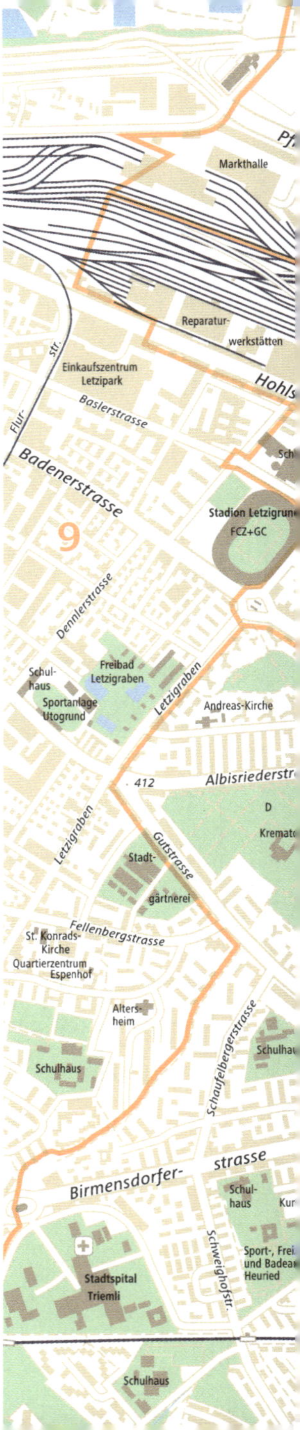

Zürich-
-West
Industrie-
quartier
Aussersihl
Limmat
Sihl
Hardturm
Breitenstein-
strasse
Hardturm-
strasse
Förrlibuckstr.
Duttweiler-
str.
Duttweilerbrücke
ZHAW
ZHdK
Mus.für Gestaltung
Schaudepot
Techno-
park
EWZ
Pfingst-
weid
Maaghof
Maag MusicHall
Maagpl.
Prime Tower
Hardbrücke
Hardplatz
Schul-
haus
Escher-Wyss-Pl.
Giessereihalle
Puls 5
Turbinenplatz
Schiffbau-
pl.
Hönggerstr.
Wipkingerpl.
Kr.-büro 10
Schulhaus
414
VBZ
Hard-
brücke
Neue Hard
Stein-
felspl.
Kehricht-
heizkraftwerk
Josefs-
wiese
Röschibachstr.
Nordstr.
Hönggerstr.
Handelsschule
KVZ
Limmatstrasse
Berufs-
schule
Kunst-
halle
Sihlquai
Markthalle
St. Josefs-
Kirche
Röntgen-
strasse
Röntgen-
platz
Turnhalle
Spiel-
wiese
Kirche
Letten
Schwimm-
bad
Wasserwerkstrasse
Schulhaus
Limmatwerk
Letten
Kr.-büro 5
Schul-
haus
Limmatstr.
Sihlquai
Kornhausbrücke
Berufs-
schulen
Limmatplatz
Johannes-
K.
Schwimm-
bad
Wasserwerkstr.
Berufs-
schulen
Mus. f.
Gestaltung
Berufs-
schule
Rotbuch-
strasse
Rötelstrasse
Evang.
Seminar
Nordstrasse
Kornhausstr.
Rötelstr.
Nordstrasse
Langstrasse
Limmatstr.
L.-Favre-
Pl.
G.-Gull-
Platz
Berufsschule
Europa-
platz
PH
Sihlpost
Polizei- und
Justizzentrum
Hohlstrasse
Schönegg-
platz
Feldstrasse
Bullinger-
strasse
Schulhäuser
Felix-u.-
Regula-Pl.
Altersheime
Hardau
Bullinger
Hardaupark
Hardstr.
Bullinger-K.
Quartier-
büro 4
Bullingerhof
Bullinger-
platz
Stauffacherstr.
Erismannhof
Seebahnstrasse
Sihlfeldstrasse
A.-Klawa-
Pl.
Schul-
haus
Bäcker-
anlage
Hohlstr.
Stauffacherstr.
Langstr.
Polizei
Militär-
str.
Ehem.
Zeughäuser
Zeughaus-
str.
Alte
Kaserne
Polizei (Hauptsitz)
Kasernenstr.
ZHdK
Löwenpl.
Amts-
haus
Helvetiapl.
Berufsschule
Bezirks-
gebäude
Kr.-büro 4
Schul-
hs.
Badener-
strasse
Stauffacher-
St. Jakobs-K.
Badener-
str.
Aemtler-
strasse
of Sihlfeld
kon
Schulhaus
Berta-
Ida-
platz
Brup-
bacherpl.
West-
Sihlfeldstr.
Kalkbreitestrasse
VBZ
Seebahnstr.
Aemtlerstr.
Zweierstrasse
Zweier-
platz
Werd-
platz
Werd-
str.
Peter u.
Paul-K.
Sihlstr.
Sihl-
porte
Börse
Talstrasse
Pelikan-
platz
Völkerk.-
mus.
Selnaustr.
Pelikanstr.
Bastei-
platz
Schulhs.
Ernst-Nobs-
Platz
Hallwyl-
pl.
Stauffacher-
quai
Bertastrasse
Gutstrasse
Schulhs.
Zwingli-
K.
Gold-
brunnen-
pl.
Birmensdorferstr.
Zurlinden-
str.
Zweierstr.
Kr.-
büro 3
Birmens-
dorfer-
Schimmelstr.
Weststrasse
Manessestrasse
413
Turnhalle
Sihl-
hölzlibr.
Sportanlage
Sihlhölzli
Brandschenkestr.
Umbergtunnel
Stockerstr.
Schulamt
Bleicherweg
Sch.
Kantons-
schule
Bühl-Kirche
Friesenberg-
strasse
Steinstr.
Manesse-
str.
Schulhaus
441
Hürlimann
Areal
Hürlimann-
pl.
Brandschenkestrasse
Kantons-
schule
Polizei
Tessiner-
platz
Manesse-
pl.
Uetlibergstr.
Thermalbad
Zürich
FIFA World
Museum
Gen.-Wille-Str.
EWZ
Gehrenholz
Brand-
1
2
3
4
5
6
10
75
76
77
78
79
80
81
82
83
84
85
86
87
88
89
90
91
92
93
94
95
96
97
98
99
100

Hunger bekommen nach einer ausgelassenen Partynacht? Den besten Döner der Stadt gibt's bei Olif (S. 128)!

SEHENSWERTES

74. LANGSTRASSE

Die Langstrasse im Stadtteil Aussersihl – heute DIE Ausgehmeile Zürichs – hat eine selten bewegte Geschichte. Um 1880 hatte der damals selbstständige Ort sogar mehr Einwohner als die Stadt Zürich! Zu dieser Zeit ließen sich hier viele meist junge männliche Migranten nieder, die gemeinsam mit den Soldaten einer nahen Kaserne ein großes Wachstumspotenzial für Amüsierbetriebe bildeten. Und diese sind dem Viertel über die Jahrzehnte erhalten geblieben – sowohl in seinen Zeiten als Arbeiterquartier, als Drogenhölle, als Sünden- und heute als trendige, bunte Ausgehmeile mit einer lebendigen Kulturszene und als attraktives Wohnquartier. Den Wandel zum heutigen Status verdankt die Langstrasse dem Umstand, dass die Stadt ab etwa 2000 zahlreiche Rotlichtimmobilien aufkaufte und sie dann an Boutiquen, Bars und Restaurants vermietete.

Heute sind hier in Zürichs buntestem und vielfältigstem Viertel die coolsten Clubs der Stadt zuhause, es gibt jede Menge Einkaufsmöglichkeiten (manche Shops arbeiten rund um die Uhr), urige Bars und internationale Restaurants (viel Take-away) – es ist einfach immer was los.

Wenn du also Lust auf Shopping, Ausgehen und Party hast – hier bist du genau richtig!

Tram: Limmatplatz oder Helvetiaplatz

TIPP

Mit ihrer über 50-jährigen Geschichte ist die Olé-Olé-Bar ein Langstrassen-Oldie mit heute bunt gemischtem Publikum. Ebenso beliebt ist der Kinski Klub um die Ecke – ein Klassiker!

75. FRAU GEROLDS GARTEN

Du möchtest mal wieder die Seele baumeln lassen? Dann ist Frau Gerolds Garten, die Wohlfühloase am Prime-Tower, ein heißer Tipp. Auf der rund 2500 m² großen Brachfläche stand anfangs nur ein Sommerrestaurant. Dann wurden ein Stadtgarten mit Gemüse und Kräutern angelegt, Bierbänke aufgestellt, eine Paletten-Lounge, eine Grillstation und Buden, an denen Getränke verkauft werden, kamen hinzu, außerdem Pop-up- und Second-Hand-Geschäfte, Floh- und Designmärkte, Kunst und Veranstaltungen – ein alternatives Paradies. Heute ist Frau Gerold ein beliebtes und buntes Ganzjahresziel, im Sommer mit Open-Air-Bar, im Winter mit Fonduestube. Einen Haken hat die Sache: Das Gelände steht Frau Gerold nur zur Zwischennutzung zur Verfügung, sobald die abläuft, muss sie umziehen.

Geroldstrasse 23 | Tram: Schiffbau

TIPP
Wenn du dich zwischendurch mal abkühlen möchtest – nebenan kannst du bei Urbansurf Zürich (Nr. 81) die Wellen reiten!

BUCKET LIST
Frau Gerolds Garten

Glück gehabt!

Rhyme Time! Erfinde einen Trinkspruch & trinke darauf.

Du & deine beiden Sitznachbarn trinken.

Alle trinken.

START

Mach etwas Witziges. Wer lacht, trinkt 2.

Jemand deiner Wahl trinkt 2.

Auf ex! Trinke das Glas leer.

Starring Contest! Wer zuerst zwinkert, trinkt.

Gehe 3 Felder zurück und trinke.

Selfie mit deinem Sitznachbarn! Trinkt drauf!

Trinke einen mit dem Ältesten im Raum.

Für dieses kleine Trinkspiel nutzt ihr am besten Münzen als Spielfiguren. Den benötigten Würfel gibt's auch online!

ZIEL
Geschafft? Von wegen! Alle exen!

Alle trinken.

Erfinde eine Regel, die fortan gilt! Wer sie bricht, trinkt!

Trinke und setze eine Runde aus.

Ziehe ein Kleidungsstück aus oder trinke 4.

Wähle einen Saufkumpanen, der ab jetzt mit dir trinkt.

Alle trinken.

Küss jemanden deiner Wahl oder trinke 4.

Bringt dem anderen ein Schimpfwort bei und trinkt darauf.

Gruppen-Selfie! Alle trinken.

Gehe 3 Felder zurück und trinke.

Singt ein Lied zusammen. Wer kneift, trinkt.

Glück gehabt!

T-Shirt-Tausch mit deinem Gegenüber.

Wirf eine Münze: Kopf = du trinkst, Zahl = alle anderen trinken.

Gehe so viele Felder zurück, wie deine Münze zeigt.

LOW $ BUDGET

PICKNICK-SPOT

TIPP
Direkt am Viadukt liegt übrigens die Josefwiese (Nr. 83), ein ruhiger, kleiner Park zum Entspannen.

76. IM VIADUKT

In diesem ehemaligen Eisenbahnviadukt vergisst du die Zeit. Unter riesigen alten, aus Natursteinen gemauerten Bogen hat sich hier die hippste Shoppingmeile der Stadt etabliert, 500 m lang und einfach super stylish! Designgeschäfte, Modeshops und Outdoorläden, Restaurants, Clubs, Cafés, Co-Working-Spaces – viel mehr kann dein Herz gar nicht begehren! Das absolute Highlight für mich ist aber die Markthalle: 15 schöne Stände gibt's hier – natürlich mit frischem Obst, Gemüse, Blumen usw. Aber dann: Slow-Food vom Feinsten, italienische Spezialitäten, Trüffel, Sandwiches, Pies und Canapés, edle Weine und Brände und im British Cheese Centre Käse von den Inseln ... Den kleinen Hunger zwischendurch kannst du z. B. mit Tokyo Tapas stillen, dann geht's weiter mit dem Augenschmaus rundum. Es ist unglaublich cool und ich könnte mich den ganzen Tag hier aufhalten!

Viaduktstrasse | Tram: Dammweg

77. IDAPLATZ

Mitten in einem hübschen Wohngebiet im Kreis 3 (Wiedikon; Zürich ist in zwölf Kreise gegliedert, die wiederum aus bis zu vier Stadtquartieren bestehen) gelegen, hat dieser von gemütlichen Cafés und Boutiquen gesäumte Platz einen süßen dörflichen Charme, den du im Innenstadtkern nicht findest. Ich liebe vor allem die vielen Gebäude mit schmiedeeisernen Balkonen! Im Frühling, wenn die Kirschbäume an Berta- und Zurlindenstrasse blühen, wird diese Gegend zu DEM Insta-Spot der Stadt.

Tram: Bertastrasse

FOTO TIPP FOTO TIPP FOTO TIPP

Gönn dir in der Berta Bar & Cafe (Bertastrasse 26) einen Kaffee und dazu etwas von dem köstlichen Gebäck, das es dort gibt, und lass dich dabei von Kirschblütenblättern berieseln!

WESTEN

In der Schoko-Boutique „Say Chocolate" (Lagerstrasse 28) gibt es fantastisches veganes Schokoladeneis und andere Leckereien.

78. EUROPAALLEE

Das new kid on the block: Die Europaallee ist ein neu entstandenes Quartier mit Shops, Restaurants und Bars direkt neben dem Zürcher Hauptbahnhof. Genieße die moderne Architektur, entspanne beispielsweise am Gustav-Gull-Platz oder am Europaplatz auf einer der vielen Sitzgelegenheiten und entdecke eine ganz neue Seite der Stadt. Im mediterranen Bistro YAMAS (Lagerstrasse 48) kannst du dir zuvor leckere und erschwingliche Take-away-Verpflegung besorgen. Und das 25hours Hotel in der nahen und ebenfalls ziemlich hippen Langstrasse (Nr. 74) hat eine coole Bar für abendliche Drinks. Auch sonst ist mit einem wechselnden Veranstaltungsprogramm immer etwas geboten in der Europaallee!

Lagerstrasse 12 | Tram: Sihlpost/HB

BUCKET LIST

Europaallee

Inszeniere dich vor moderner Architektur oder in einem der hübsch angelegten Gärten und mache ein Foto in bester Insta-Manier.

79. MUSEUM FÜR GESTALTUNG

Ein Muss für Designliebhaber. Besonders der Saal mit den Schweizer Retro-Plakaten, die zeigen, wie sich die visuelle Kommunikation in der Schweiz über die Jahre entwickelt hat (viele der Plakate sind im Souvenirshop erhältlich), hat es mir angetan. Für Interior-Liebhaber ist die Sammlung im Untergeschoss dagegen ein Muss. Hier gibt's eine Ausstellung von Schweizer Möbeln, sortiert nach Jahrzehnten, mit Erklärungen zu den verschiedenen kulturellen Einflüssen, die das hiesige Innendesign über die Jahre geprägt und weiterentwickelt haben.

Und dann ist da noch der Museums-Shop. Wenn du auf der Suche nach einem Geschenk aus Zürich bist und nicht unbedingt den traditionellen Kuh-Schlüsselanhänger oder das Schweizer Armeemesser haben möchtest, ist der Shop im Design Museum eine super Option. Neben wunderschönen Kreationen von lokalen Designern, die jeden Interior-Design-Liebhaber begeistern, kannst du hier auch Schweizer Retro-Poster und Postkarten erwerben, die typische Schweiz-Motive auf ganz originelle Weise zeigen.

Ausstellungsstrasse 60 | Tram: Museum für Gestaltung

80. LÖWENBRÄU-KUNST-AREAL

Aus den Hallen einer alten Brauerei hat man in Zürich ein tolles Zentrum für Kunst gemacht. Zwei moderne Türme steigen hier über den alten Backsteinhallen empor, und überall ist Kunst zuhause. Die Kunsthalle Zürich stellt auf dem Gelände Zeitgenössisches und Modernes aus, das Migros-Museum für Gegenwartskunst widmet sich dem Allerneuesten. Außerdem tummeln sich hier Ateliers und Kunstbuchläden – irgendwo ist in diesem Mekka für Gegenwartskunst also immer was los.

Limmatstrasse 264 | Tram: Dammweg | www.lowenbraukunst.ch

TIPP

Das Migros-Museum für Gegenwartskunst setzt besonders stark auf den Erlebnischarakter eines Besuchs hier.

Der durchschnittliche Besucher ist hier nicht wie anderswo Ü50. Wohl, weil's Attraktionen wie einen Art Escape Room gibt.

81. URBANSURF ZURICH

Wellenreiten in der Schweiz? Dieser tolle Sommer-Spot im lebhaften Gerold-Quartier sorgt für echte Urlaubs-Vibes. Entspannte Atmosphäre, gutes Essen und Surfer, die Spaß auf der Citywave haben. Deinen Surf-Slot buchst du am besten vorab online, die Höhe der Welle wird auf dein Level eingestellt, auch Anfänger sind in Kursen mit maximal sechs Personen willkommen. Tagsüber ist das Flair hier heiß und urlaubsmäßig, abends in Afterwork-Bar und Restaurant chillig und quirlig, das Ganze vor dem Hintergrund der Kreis-5-Wolkenkratzer – einfach cool!

Geroldstrasse 11c | Tram: Hardbrücke

Um die Ecke in Frau Gerolds Garten kannst du es mit Freunden entspannt angehen lassen (S. 110)

Wenn du keine Lust hast, bei der beliebtesten Freizeitbeschäftigung der Schweizer (natürlich das Wandern) mitzumachen: Fahr mit der Tram hinauf!

82. UETLIBERG

Zürichs „Hausberg“ bietet viele landschaftlich reizvolle Wege für ein Naturerlebnis. Im Sommer ist die 871 m hohe Erhebung eine kühle Zuflucht vor der Hitze, im Frühling ist sie ein grüner Garten, im Herbst lockt die Farbenpracht des Laubes und im Winter ist die Wahrscheinlichkeit groß, hier Schnee vorzufinden. Ist genügend davon da, mach dich auf zur Schlittelbahn und sause inmitten von Zürchern hinunter Richtung Stadt. Das Beste am Uetliberg aber ist die Aussicht. Dein Blick fällt über Zürich und am Zürichsee entlang bis zu den Alpen auf der anderen Seite – ein wunderschönes Panorama! Vor allem bei Fön ist die Sicht super!

Tram: Albisgüetli

PARKS

83. JOSEFWIESE

Direkt neben dem Viadukt kannst du dich auf der größten Grünfläche des Viertels, die auch viele Zürcher aus anderen Ecken der Stadt anlockt, so richtig austoben. „Spiel, Sport, Grill, Hängematte" heißt hier das Motto, und das wird gelebt: Du kannst Fussball spielen, Pétanque, Tischtennis, Beachvolleyball ... Du kannst aber auch einfach nur Leute schauen, picknicken, sonnenbaden, lesen ... und das bunte Treiben und die laue Sommernacht genießen.

Josefstrasse 197 | Tram: Quellenstrasse

TIPP

Am Kiosk versorgst du dich mit Speisen – auch vom Grill – und mit Getränken. Oder du deckst dich mit Leckereien aus der Markthalle ein (S. 112).

BUCKET LIST

Josefwiese

Lass deinen Gedanken freien Lauf…
Schreibe etwas, zeichne die Bäume um dich herum oder male die Wolken ab.

PICKNICK-SPOT

Der Park am Sihlhölzli bietet sich übrigens auch toll für eine kleine Fahrradtour an. Dann unbedingt auch ein leckeres Picknick einpacken – der Spot ist perfekt dafür!

84. SPORTANLAGE SIHLHÖLZLI

Wer sich in Kreis 4 wagt, begegnet einer anderen Seite von Zürich, jenseits der klassischen Vorstellungen. Die Sportanlage Sihlhölzli, ein grüner Fleck an der Sihl (noch so ein Fluss in Zürich!) mit schönem Baumbestand, verwunschenen Alleen, einem Kiosk und Wasserbecken. Ein einfacher lokaler Park, der es wahrscheinlich in keinen anderen Zürich-Reiseführer schafft! Aber gerade deshalb mag ich ihn und nehme ihn hier auf. Hier zu sein fühlt sich irgendwie an, als würde man dazugehören. Jogger laufen am Fluss entlang, Paare sitzen auf Bänken und schaukeln ihre Kinderwagen, auf dem Sportplatz drehen Fitness-Fans ihre Runden und auf den Wiesen toben die Hunde. Es ist die Art von Ort, an den man gehen würde, wenn man in Zürich leben würde. Wenn das nicht ein cooler Einblick ist, oder?

Manessestrasse 1 | Tram: Bahnhof Wiedikon

Kostenlose Fahrräder gibt's dank der Initiative „Züri rollt" an mehreren Standorten in der Stadt! (Infos S. 8)

FOTO TIPP

Das idyllisch am Zürichsee gelegene „Gelati am See" wird auf Seite 98 vorgestellt!

Am liebsten genieße ich mein Essen im Café Bebek auf der schnörkellosen Außenterrasse.

ESSEN & TRINKEN

85. GELATI TELLHOF

Schwarzer Sesam mit Safranglacé? Die Empfehlung klingt exotisch – und ist es auch! Du kannst aber auch Malaga, Ovomaltine, Melone, Fichi oder andere der insgesamt 30 Sorten wählen, die Gelati Tellhof an der ruhigen, aber citynahen Tellstrasse im Angebot hat. Alle Sorten kommen aus der nahen Manufaktur, sind also handgemacht. Sieben Toppings gibt's dazu – die größte Herausforderung hier ist es wohl, sich zu entscheiden. Einen lauschigen Garten hat die Gelateria auch. Zum Gelato genießt man hier einen Espresso – der ebenfalls stadtweit einen sehr guten Ruf hat.
Im Sommer wird das Tellhof-Eis auch am Landesmuseum und am Hafen Riesbach aus dem Eiswagen verkauft.

Tellstrasse 20 | Tram: Helvetiaplatz | www.gelati1998.ch | @gelati1998

86. CAFÉ BEBEK

Ich liebe dieses Restaurant und komme gerne mit Freunden für ein zwangloses Mittag- oder Abendessen her. Hier gibt's orientalische Küche mit einer Riesenauswahl von frischen warmen und kalten Mezze. Die überwiegend libanesischen und türkischen Speisen sind super lecker, der Service ist schnell und die Atmosphäre entspannt. Das Lokal liegt an einer

BUCKET LIST
Gelati Tellhof

Probiere dich durch das große Eissortiment des Gelati Tellhof und zeichne deine Lieblingssorten hier ein.

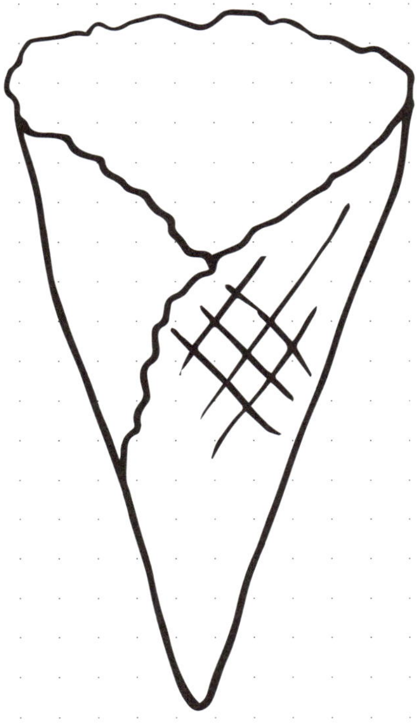

lebendigen Kreuzung im Kreis 4, deshalb findest du drumrum eine ganze Reihe Boutiquen, Cafés oder Bars um weiter zu ziehen.

Badenerstrasse 171 | Tram: Kalkbreite/BHf. Wiedikon | www.bebek.ch

87. COMING SOON

Die vietnamesische Eatery wurde von drei Schweizern eröffnet, ist inzwischen DAS Nachhaltigkeits-Restaurant schlechthin und vielleicht gerade deshalb besonders angesagt. Kein Wunder: Hier gibt's authentische, gesunde, glutamatfreie vietnamesische (und allgemein asiatische) Küche in modernem Ambiente zu bezahlbaren Preisen. Es wird mit weniger Zucker oder Salz als sonst gekocht und man verzichtet bewusst auf importierte Asia-Frischwaren! So wird grüne Papaya zu Kohlrabi, asiatischer Spinat durch lokalen ersetzt und vieles mehr. Zudem wird hier die Trinkkultur „Pairing" zelebriert bei der alkoholfreie Getränke (wie beim Wein) auf das Essen abgestimmt werden. Natürlich sind die auch alle homemade! Im Sommer wird die Eatery übrigens zum „Restaurant brutal", in dem jede Woche wechselnde „brutale" Gerichte serviert werden!

Rolandstrasse 9 | Bus: Militär-/Langstrasse | www.comingsoon.ch | @comingsoon_zurich

88. BAR SACCHI

FOTO TIPP

Drumherum eine ganze Reihe Restaurants und Clubs, drinnen italienisches Retro-Design – das ist schon ziemlich instagrammable. Die Wahrscheinlichkeit, dass hinter der Theke der Chef persönlich steht, Claudio Sacchi, ist hoch. Wenn du auf deinem Zürich-Trip mal richtig schönes Schwyzerdytsch hören möchtest, frag ihn zu den Negroni-Varianten (aus der Getränke-Pistole: ein Mix aus Gin, Wermuth und Campari) und den Naturweinen aus. Das gut gemischte Publikum lässt sie sich schmecken, und die Happlis und Brötlis auch.

Bertastrasse 1 | Tram: Zypressenstrasse | www.sacchi.bar | @bar-sacchi

89. TSCHINGG

LOW $ BUDGET

Wenn du mal schnell, aber gut essen möchtest, bist du hier richtig. Tschingg, das klingt schwungvoll und originell, und für die Küche trifft das auch zu. Eigentlich hat der Name aber einen ernsten Hintergrund: Früher diente

Bar Sacchi

der Begriff der Diskriminierung italienischer Einwanderer. Die Macher des Tschingg haben ihn als Reverenz an ihre Eltern und Großeltern gewählt, die hier rassistische Klischees ertragen mussten. Heute aber geht's an diesem Ort um die Speisen, und die sind frisch, preiswert und werden schnell serviert. Gönn dir zum Abschluss noch ein Gelato – es kommt, ganz ohne künstliche Aromen, aus hauseigener Produktion. In Zürich gibt's übrigens noch zwei Filialen, in der Oberdorfstr. 2 und in der Schaffhauserstr. 353

Lutherstrasse 4 | Tram: Stauffacher | www.tschingg.eu | @tschingg.eu

90. LES HALLES

Der Name klingt nach Paris, doch diese im Shabby-Chic gehaltene Lagerhalle ist seit über 20 Jahren eher ein irgendwie geordnetes Chaos, mit Bar, Bioladen, Restaurant, mit Alltagskunst, Plakaten und mehr – eine Wundertüte, die dann doch wieder an die Markthallen in Paris erinnert. Beim Essen bleibt es aber französich: man bestellt Häppchen an der Theke, die Getränke an der nordafrikanisch anmutenden Peugeot-Bar. Stadtbekannt sind die Moules et Frites. Wenn du schon hier bist: Das Nachtleben in diesem Stadtviertel pulsiert rund um die nahe Hardstrasse und lädt zum Weiterziehen ein.

Pfingstweidstrasse 6 | Tram: Schiffbau | www.les-halles.ch | @leshalleszurich

91. SPHÈRES

In einem nüchternen Zweckbau im Industriegebiet zuhause, ist das sphères heute ein cooles Lokal und der Inbegriff des Vibes dieser Gegend. Es vereint Café, Bar und Buchhandlung in einem, die Bühne ist ein Ort für Kleinkunst und Lesungen. Wer eine ungewöhnliche Auswahl moderner Literatur und Zürich-Büchern sucht, ist hier richtig. Ich komme sehr gern früh hierher, suche mir dann einen Platz am Fluss und arbeite stundenlang an meinem Laptop. Damit bist du in guter Gesellschaft – hier tummeln sich viele Freelancer, um in der entspannten Atmosphäre zu arbeiten, sich zu treffen udn auszutauschen.

Hardturmstrasse 66 | Tram: Escher-Wyss-Platz | www.spheres.cc | @spheres_bar

92. KAFI DIHEI

„Dihei" bedeutet „zuhause" – und genau so fühlt man sich in diesem kleinen Eckcafé. Die leckere und umfangreiche Frühstückskarte bietet (bis 16 Uhr!) frische Salate, Sandwiches, Waffeln und Birchermüsli. Innen machen Mustertapeten, Biedermeiermöbel und Porzellangeschirr das Lokal zu einem gemütlichen und fotogenen Ort.

Zurlinderstrasse 231 | Tram: Lochergut | www.kafidihei.ch | @kafidihei

93. LA TAQUERIA

Meiner bescheidenen Meinung nach gibt's hier, immer mit einem Lächeln serviert, das beste mexikanische Essen der Stadt. Das Interieur ist hell und farbenfroh, die Atmosphäre locker, etwas versteckt auf der anderen Seite liegt die Terrasse für warme Sommernächte. Was immer du bestellst, nimm

Im Sommer genießt du deinen Besuch im Kafi Dihei auf der Außenterrasse im Schatten einer Glyzinie.

unbedingt die Supernachos als Vorspeise. Und gönn dir eine Margarita – einfach köstlich! Aber Vorsicht: man spart hier nicht am Tequila!

Badenerstrasse 138 | Tram: Kalkbreite/BHf. Wiedikon | www.lataqueria.ch | @lataqueria.ch

94. OLIF

Bester Döner der Stadt! Wenn du dich durch die Langstraße gefeiert hast und zum Ende der Nacht Lust auf einen Snack hast, ist Olif der richtige Ort. Aber auch nüchtern schmeckt der Falafel Döner einfach verdammt gut. Sorry wegen der Preise – aber in Zürich sind nicht mal Döner günstig!

Langstrasse 81 | Tram: Helvetiaplatz | www.restaurant-olif.ch

95. CO CHIN CHIN

Frisch zubereitete vietnamesische Küche in angenehmem vietnamesischem Ambiente mit einer Prise Kolonial-Chic. Auf der Karte findest du natürlich all deine Lieblingsgerichte, zubereitet werden sie von Vietnamesen, und das schmeckt man – Achtung, scharf! An kalten Tagen nehme ich fast immer den Klassiker schlechthin: eine große Schüssel köstlicher, dampfend-heißer Pho zum Aufwärmen. Meiner Meinung nach die beste der Stadt.

Gasometerstrasse 7 | Tram: Limmatplatz | www.cochinchin.ch | @co_chin_chin

SHOPPING

96. FREITAG FLAGSHIP STORE

Dieser Turm stand lange vor dem benachbarten Prime Tower: 17 Schiffscontainer, davon neun aufeinandergestapelt, bilden ein weithin sichtbares Wahrzeichen am Standort von Freitags Hauptgeschäft. Du kannst ihn sogar besteigen – der oberste Container ist eine Aussichtsterrasse (Zugang durch den Freitag-Shop). Vor etwa 30 Jahren kamen die Gebrüder Freitag auf die Idee, aus Pkw-Planen, Autogurten und Gummischläuchen Recycling-Taschen für Kuriere zu machen. Heute sind die Designer und ihre Produkte weltbekannt, der Container-Stapelturm ist ein Mekka für Freitag-Freaks, aber auch sonst einfach ein cooler Spot.

Geroldstrasse 17 | Tram: Bahnhof Hardbrücke

LOW $ BUDGET

TIPP

Keine zehn Gehminuten vom Freitag-Flagship-Store verkauft The Gloss (Hardstr. 312) die kultigen Taschen (minimale Produktionsfehler) mit ordentlich Rabatt.

97. SIHLCITY

Von der Zürcher Papierfabrik an der Sihl, die hier einst heimisch war, zeugen nur noch wenige Relikte – am eindrucksvollsten ist der 65 m hohe alte gemauerte Kamin. Heute sind auf den rund 100 000 m² von Sihlcity 75 Shops, 14 Gastronomiebetriebe, ein großes Kino, ein Kulturhaus, eine Bibliothek, ein Hotel, ein Fitnesscenter sowie Wohnungen und Büros untergebracht. Hier findest du alles, was das Herz begehrt. Dieses große, von Glas und Stahl geprägte Einkaufszentrum, ist also auch jenseits des Shoppings belebt und einen Abstecher wert!

Kalanderplatz 1 | Tram: Sihlcity Nord

98. HELVETIAPLATZ

Die kleine Schwester des Bürkliplatz-Marktes (siehe Nr. 22). Ich komme gern her, weil es hier nicht so überlaufen und etwas heimeliger ist. Außerdem liegen zwei tolle Cafés direkt am Platz, von denen aus man dem Treiben gemütlich zusehen kann. Fast immer schlendere ich hier zu einem der Blumenstände und stelle mir einen frischen Strauß aus der großen saisonalen Auswahl zusammen, die man in Blumenläden kaum findet. Es gibt auch tolle Käse- und Frischwarenstände. Wenn du also Inspirationen für ein leckeres Essen suchst – hier bist du richtig!
Gleich nebenan in der Molkenstr. 50 hat John Baker mit das beste Brot der Stadt. Super Croissants gibt's auch!

Tram: Helvetiaplatz

TIPP

Wenn dich der Hunger packt: Mit ihren hohen Räumen bietet die Rüsterei in der Nähe der Sihlcity echte Industriearchitektur, darin ein Grillrestaurant, ein Café und eine Kantine.

99. ZÜRCHER BROCKEN-HAUS

„Brocki" sind eine Schweizer Institution und ein Synonym für Second-Hand-Läden.Wenn du mal so richtig in den Alltag der Zürcher eintauchen willst, ist das Zürcher Brockenhaus also eine gute Adresse: Hier, im ältesten und sehr gut organisierten Brocki der Schweiz, gibt's jede Menge Vintage-Funde, die dich erkennen lassen, wie Generationen von Zürchern ihre Wohnungen dekoriert haben. Unbedingt die dritte Etage durchstöbern: Da gibt's handliche Dinge wie Haushaltswaren, Bücher und Schallplatten – vielleicht entdeckst du etwas Einzigartiges und Unerwartetes als Mitbringsel für Zuhause. Eine lustige Aktivität für Regentage, denn bei der Jagd nach Vintage-Schätzen, Sammlerstücken und Schnäppchen vergeht die Zeit wie im Flug.
In der hauseigenen „Olga Bar" gibt es dann 20 verschiedene Sirups, die regional hergestellt wurden und gekauft werden können – und natürlich leckeren Kaffee!

Neugasse 11| Tram: Limmatplatz

100. SOEDER

In einer ehemaligen Apotheke verkaufen die drei jungen Gründer unter der Marke Soeder nachhaltige Kleidung, trendige Wohnaccessoires und faire Naturkosmetik. Vor allem die Pflege- und Hygieneartikel sind gerade absolut angesagt, entsprechend verbreitet sind sie in den Haushalten und Hotels der Stadt. Aber auch die Einrichtung des Ladens ist cool, modern und einladend!

Ankerstrasse 124 | Tram: Helvetiaplatz

Ich liebe Soeders selbst produzierte Natur-Flüssigseifen und Feuchtigkeitscremes!

PARTYGUIDE Zürich

Hinein ins Nachtleben! Aber wohin genau? Kaum irgendwo auf der Welt könnte die Qual der Wahl größer sein als in Zürich. In vielen Quartieren gibt es coole Clubs und Locations, die zum Tanzen und Feiern einladen.

KAUFLEUTEN

» DIVERS

Das Kaufleuten ist definitiv das Herz des Zürcher Nachtlebens, ein Muss für alle, die wie die Einheimischen feiern wollen! Seit Jahrzehnten begeistern internationale und nationale DJs im Kult-Club des historischen Gesellschafts- und Kulturzentrums am Pelikanplatz die feierwütige Meute und sorgen so für die legendärsten Partys der Stadt.

Altstadt West | Pelikanplatz | Tram: Sihlporten, Rennweg | www.kaufleuten.ch/klub | @kaufleutenclub

Die Feieradresse in Zürich

HIVE

» ELECTRO, TECHNO, HOUSE

Im „Bienenstock" ist die Elektronik zuhause: egal, ob Elektro, Techno, Techhouse oder Deep House, seit über 10 Jahren legen hier vor allem einheimische Musiker*innen auf. Auf zwei Floors, in der Disco und der Tanzstube, kann bei fairen Preisen ausgelassen gefeiert werden. Die Location bietet ein künstlerisch wirklich einzigartiges Design, im Innen- wie im Außenbereich … Überzeugt euch selbst!

Westen | Geroldstrasse 5 | Tram: Hardbrück, Schiffbau | www.hiveclub.ch | @hive_club

24-HOUR FOOD

HAPPY BECK

Das ganze Jahr über gibt es hier rund um die Uhr unzählige herzhafte sowie süße Leckereien für die Zürcher Nachtschwärmer*innen.

Dienerstrasse 32 | 24 Std. an 365 Tagen geöffnet

MASCOTTE

» DIVERS

Das Mascotte ist einer der ältesten Clubs der Schweiz. Seit mehr als 100 Jahren finden hier die unterschiedlichsten Kulturveranstaltungen statt. Neben Auftritten von nationalen und internationalen DJs wie 2manyDJS oder Martin Solveig und Bands wie Arcade Fire, den Toten Hosen oder Florence and the Machine, ist das Mascotte auch ein Zentrum für Show-Cases oder Comedy-Veranstaltungen. Hip-Hop, Punk, Rock, Metal und Folk regieren hier den Dancefloor. Gefeiert wird frei nach dem Motto „expect the unexpected".

Altstadt Ost | Theaterstrasse 10 | Tram: Opernhaus, Stadelhofen; S-Bahn: Stadelhofen | www.mascotte.ch | @mascotte_zurich

TÄGLICH GEÖFFNET

KANZLEI

›› HIP-HOP, REGGAE, DANCEHALL

Hier in der Kanzlei, einer ehemaligen Turnhalle, wird die Nacht zum Tag gemacht. Die Atmosphäre ist sehr familiär, die Preise sind fair und die Veranstalter verschieden, was sich natürlich auf das jeweilige Programm auswirkt.

Westen | Kanzleistrasse 56 | Tram: Helvetiaplatz, Bezirksgebäude | www.kanzlei.ch | @kanzleiclub

ZUKUNFT ZUKKI

›› HOUSE, DISCO, TECHNO

Der Club Zukunft, von den Zürchern liebevoll „Zukki" genannt, ist der bekannteste Club für elektronische Musik in der Schweiz und mittlerweile eine richtige Institution. Hier legen die angesagtesten DJs der Szene auf, beispielsweise DJ Harvey und Nina Kraviz, aber auch einige der Betreiber wie Alex Dallas und Kalabrese.

Westen | Dienerstrasse 33 | Tram: Helvetiaplatz | www.zukunft.cl | @zukunft.cl

EXIL

›› DIVERS

Das Exil überzeugt mit einem exzellenten Soundsystem und breit angelegtem Musikprogramm von Independent Rock über Zen-Funk, Electro-Pop, Reggae, Rap und Soul. Im Sommer punktet der Club zudem mit einem tollen Außenbereich.

Westen | Hardstrasse 245 | Tram: Schiffbau | www.exil.cl | @exilclub

SUPERCOOLE LOCATION!

JADE CLUB

›› HIP-HOP, DANCEHALL ...

Freitags und samstags öffnet der Jade Club seine Pforten für alle Fans von Hip-Hop, Dancehall, R'n'B und Reaggaeton. Hier herrscht ein anderes Konzept als in den anderen Clubs der Stadt, denn für abwechslungsreiche Partys sorgen acht verschiedene Partylabels, die im Wechsel die Veranstaltungen organisieren: Blessed, Urban Latin, Snapback, Noche Caliente, Miami, More Life, Models Exposed und Magnum.

Altstadt West | Pelikanplatz | Tram: Sihlstrasse | www.jade.ch | @jadeclub

PLAZA KLUB

›› DIVERS

Der Plaza Klub hat einiges zu bieten: ein breites Spektrum an Musik – von Rock über Pop bis hin zu Hip-Hop –, aber auch Konzerte sowie ausgefallene Themen-Partys finden hier statt. Das absolute Highlight ist der farbige Diskoboden, der an die 1980er-Jahre erinnert! Und wer es mal nicht ganz so wild mag, kann sich in der clubeigenen Bar im Erdgeschoss gemütlich den einen oder anderen Drink gönnen.

Westen | Badenerstrasse 109 | Tram: Bezirksgebäude | www.plaza-zurich.ch | @plazaklub

BUNTER BODEN

AURA

›› DIVERS

Jeden Samstag und bei Special Events wird im Aura, einer High-End-Event-Location, so richtig abgefeiert. Auf die Besucher*innen warten internationale DJs sowie extravagante Live- und Akrobatikshows – ein mega Erlebnis!

Altstadt West | Bleicherweg 5 | Tram: Paradeplatz | www.aura-club.ch | @aura_zurich_club

GONZO

›› ROCK, POP

Das Gonzo ist der Treffpunkt für die Rock- und Popszene. Auch bekannt als „Knutschkeller“, kann in diesem Club von Mittwoch bis Samstag ab 23 Uhr zu Gitarrenrock geschmust werden. Passend zur Musik setzt das Gonzo designtechnisch auf Retro-Style.

Westen | Langstrasse 135 | Bus: Militär-/Langstrasse | www.gonzoclub.ch | @gonzoclubzh

CLUB BELLEVUE

RETRO-KELL

›› TECHNO, HOUSE

Im Bellevue zeigen sich alle Facetten der elektronischen Musik: Techno, House, Deep House und auch Techhouse. Der Club liegt im Keller, ganz im Retro-Style. Zu bieten hat das Bellevue außerdem eine einzigartige Soundanlage mit ordentlich Wums. Gefeiert wird hier mit Open End!

Altstadt Ost | Freieckgasse bzw. Rämistrasse 6 | Tram: Bellevue | www.club-bellevue.ch | @clubbellevue

24-HOUR FOOD

GEROLD CHUCHI

Von Montag bis Samstag gibt's hier leckere hausgemachte Pasta oder Burger, bis sich das Restaurant in der Tanzstube des Hive Club ab 23 Uhr in einen Club verwandelt.

Geroldstrasse 5 | www.geroldchuchi.ch | @geroldchuchi

HEAVEN

›› DIVERS

Disco, Partytempel und Savespace – als einziger queerer Club der Stadt ist das Heaven DER Treffpunkt für alle Feierwütigen der LGBTIQ+-Community. Hier treten neben Travestie-Künstler*innen auch international und national bekannte DJs auf. Die Musik ist ebenso bunt und vielfältig wie die Besucher*innen des Clubs: Ganz egal, ob Pop, Disco oder auch elektronische Musik, im Heaven ist für jeden Geschmack etwas dabei.

Altstadt Ost | Spitalgasse 5 | Tram: Rudolf-Brun-Brücke | www.heavenclub.ch | @heaven_zurich

LOW $ BUDGET

LOW-BUDGET-TIPP

Wenn die angesagten Spots geöffnet haben, ist der Andrang der Partywilligen groß – Vergünstigungen zu geben haben die Clubs deshalb kaum nötig. Einige Partys kosten aber vor Mitternacht keinen Eintritt. Komplett freien Eintritt bieten das Plaza am Sonntag zum Karaoke und das Mascotte am Montag. Auf manchen Portalen werden Eintrittstickets verlost, z. B. www.zuerich.usgang.ch oder www.students.ch.

Gefunden:

CLUB

ORT / DATUM

KOMMENTAR

☆☆☆☆☆ EMPFEHLENSWERT YES ☐ NO ☐

CLUB

ORT / DATUM

KOMMENTAR

☆☆☆☆☆ EMPFEHLENSWERT YES ☐ NO ☐

Events

WANN? WIE? WO? ALLES, WAS MAN KENNEN MUSS.

In Zürich pulsiert das Leben – das ganze Jahr hindurch gibt es coole Festivals und Events. Romantiker kommen dabei ebenso auf ihre Kosten wie Kulturfans, Sportler und Partygänger. Hier sind die Highlights im Überblick.

FEBRUAR/MÄRZ

FASNACHT

Am Wochenende nach Aschermittwoch wird es in Zürich wild, bunt und laut. Es ist Fasnacht! Guggenmusiker ziehen mit bunten Klängen durch die Straßen, skurrile Gestalten mit grausligen Masken necken die Menschen und die Feierlust ist groß. Auf dem Münsterhof steht ein Festzelt, in dem es das kunstvoll kostümierte Partyvolk so richtig krachen lässt. Das ist ZüriCarneval!

www.zurichcarneval.ch

APRIL

SECHSELÄUTEN „SÄCHSILÜÜTE"

Am dritten Montag im April steigt das große traditionelle Frühlingsfest der Zürcher Zünfte. Rund 3500 Mitglieder ziehen in einem bunten Zug durch die Straßen und bewegen sich unaufhaltsam auf den Höhepunkt des Ganzen zu: Um 18 Uhr wird auf der Sechseläutenwiese am Opernhaus der Böögg – eine riesiger Schneemann aus Watte – angezündet. Und je früher sein mit einer Sprengladung gespickter Kopf explodiert, desto schöner wird angeblich der Sommer … Ab 20 Uhr beginnt die Festgemeinde dann mit dem Volkswurstbraten auf den Kohlen des Scheiterhaufens.

www.sechselaeuten.ch

JUNI

ZURICH PRIDE FESTIVAL

Die Zurich Pride ist nach Angaben seiner Macher der „grösste politische queere Anlass der Schweiz": Die LGBTQ*-Gemeinschaft veranstaltet drei Tage lang Partys und Tagungen, Konzerte und Bühnenshows auf dem Festivalgelände des Kasernenareals, rund 30 000 Leute sind dabei. Sensationell und spektakulär ist die schrill-bunte Parade durch die Innenstadt.

www.zurichpridefestival.ch

JULI

FESTIVAL TROPICAL CALIENTE

Salsa, Merengue, Reggae, Samba, Rumba, Zouk etc. – Latino Rhythmen in Zürich? Auf jeden Fall! Drei Tage lang steigt in Zürich das größte Latin Festival in Europa. Auf der Bühne performen prominente Bands, Orchester und Showgruppen, diverse DJs legen auf, im Langstrassenquartier herrscht tropisches Flair. 2022 findet bereits die 25. Auflage dieses legendären Events statt.

www.caliente.ch

FILMFLUSS & ALLIANZ CINEMA

Open-air-Kino in sensationeller Atmosphäre am Fluss: Im wunderchönen Holz-Badi Untere Letten kannst du im Sommer wunderbare Filmhits sehen. Mit netten Leuten um dich herum wird dieser Cinema-Abend garantiert ein Fest für alle Sinne.

Und am Zürihorn findet im Sommer das Allianz Cinema Zürich statt. Open-air-Kino auf riesiger Leinwand vor dem See mit Klassikern, Vorpremieren und Blockbustern. Für köstliche Speisen und coole Drinks ist gesorgt, der Kinosommer ist herrlich!

www.filmfluss.ch

STADTZÜRCHER SEEÜBERQUERUNG

Zürich schwimmt! Liebst du Langstrecken im Wasser? Dann bist du bei diesem Spektakel genau richtig. Der Start ist am Strandbad Mythenquai und vor dir liegt die Strecke von 1500 m. Keine Sorge, die vielen anderen Wasserratten werden dich schon moralisch mitziehen. Es ist übrigens kein Wettschwimmen, sondern ein großer Spaß. Das Ziel ist das Strandbad Tiefenbrunnen, wo eine kleine Mahlzeit auf dich wartet. Zuschauen macht aber auch Laune!

www.seeueberquerung.ch

AUGUST

NATIONALFEIERTAG

Am 1. August feiern die Schweizer ihren Bundesfeiertag und den legendären Rütli-Schwur. Alle haben frei, grillen mit Freunden, gehen wandern oder Velofahren und viele gönnen sich abends ein edles Essen am See. Doch vor Corona stieg die Megaparty schon am Vorabend: exTEL-Lent zog mit Megarhythmen die Leute zum Tanzen auf die Straße und später in die Clubs. Hoffentlich geht es bald weiter …

www.extellent.ch

ROOF TOP DAY

An einem Samstag im August finden kleine und große Events auf privaten Terrassen, Dächern, Hinterhöfen und Gärten statt. Die Agentur Ron Orp organisiert das Ganze und bringt die Menschen zusammen: Feierfreudige und solche, die ihre ganz besondere Location zur Verfügung stellen wollen. Du kannst dir gar nicht vorstellen, wie viele romantische Orte es in Zürich gibt. Und eins ist garantiert: Du lernst super viele Leute kennen!

www.rooftopday.net

LIMMATSCHWIMMEN

Das ultimative Event für Flussschwimmer! Es ist wirklich ein sensationelles Spektakel, wenn sich 4500 Schwimmer mit ihren Wickelfischen nacheinander ins Wasser stürzen und 2 km die Limmat hinunterschwimmen: Zuerst die „Profis“ im Wettkampf, dann beim Plauschschwimmen alle, die einfach nur Spaß haben wollen. Am Frauenbad geht's los und dann unter Münsterbrücke, Rathausbrücke, Bahnhofbrücke hindurch und weiter bis zum Strandbad Obere Letten. Die Strecke ist sonst für Schwimmer gesperrt! Die Tickets sind mega begehrt, aber auch Zuschauen macht super viel Spaß.

www.limmatschwimmen.ch

LOW $ BUDGET

STREETPARADE

Die größte House- und Technoparade der Welt! Um die 30 schrill dekorierte Love Mobiles rollen in einem gigantischen Umzug durch Zürich. Top-DJs (zumeist Elektro) beschallen die Metropole und ziehen Hunderttausende Tanzfreaks in ihren Bann. Stürze dich einfach ins Getümmel und tanze, als ob es kein Morgen gäbe! Auf weiteren neun Bühnen steigen Live-Acts und DJs legen auf. Die Streetparade ist eine Demo für Liebe, Toleranz und Frieden.

www.streetparade.ch

DÖRFLIFÄSCHT

Von Freitagabend bis Sonntag ist das Niederdorf (die Altstadt) eine einzige Party. Das Epizentrum ist der Hirschenplatz mit einer großen Bühne. Auf dem Migrosplatz dagegen sind Chillen und Energie tanken angesagt – mit einem großen kulinarischen Angebot. Dabei bietet das Dörflifescht Musik und Speisen für jeden Style: In der grauen Gasse beispielsweise sind Elektro und House angesagt, auf dem Häringsplatz steigt ein Festprogramm mit weniger durchdringender Musik. Einfach flanieren und schauen, wo du hängen bleibst.

www.doerflifaescht.ch

SEPTEMBER

LANGE NACHT DER MUSEEN

Jedes Jahr am ersten Samstag im September öffnen die Zürcher Museen abends ihre Pforten. Hier findest du die unterschiedlichsten Ausstellungen und Sammlungen – manches siehst du vielleicht nur heute! Der Begriff „Museen" wird dabei recht weit gedehnt. Der Zoo Zürich beispielsweise zählt in dieser Nacht auch dazu – wer mal die nachtaktiven Tiere in Aktion sehen möchte – dies ist *die* Gelegenheit. Solltest du Lust auf einen nächtlichen Kick haben – auf in's FIFA-Museum (Seestr. 27). Dazu gibts ein geniales Programm mit vielen Liveacts und Performances.

www.langenacht-zuerich.ch

ZÜRI FÄSCHT & FREESTYLE

Erst wieder 2023, normalerweise aber alle drei Jahre, steigt das größte Volksfest der Schweiz. Mit super „Chibli" (Kirmes), Foodständen aus aller Welt, rund 50 Bühnen in der Innenstadt und selbstverständlich gigantischen Feuerwerken über dem See.

Tipp: Zur gleichen Zeit findet auch die freestyle Zürich statt, ein Trendsportfestival vom Feinsten, mit Sport, Freaks, Shows und Party.

www.zuerifaescht.ch | www.freestyle.ch

FOOD ZÜRICH

2021 findet dieses Street-Food-Festival rund um nachhaltiges, gesundes, vor Ort produziertes, klimafreundliches und selbstverständlich superleckeres Essen im September statt. Foodstände, ein Slow-Food-Markt, Veranstaltungen in der „Chuchi" und Urban Farming zeigen elf Tage lang an verschiedenen Standorten alle Facetten moderner Nahrung auf. Ab 2022 könnte die Food Zürich mit ihren über 100 Events auch wieder wie vor Corona im Mai und/oder im Juni stattfinden.

www.foodzurich.com

KNABENSCHIESSEN

Drei Tage lang dauert dieses größte Zürcher Herbstfest am zweiten Septemberwochenende. Im Zentrum stehen die Schützengesellschaft der Stadt Zürich und der Wettkampf der Jungschützinnen und -schützen im Alter von 13–17 Jahren. Dazu findest du sensationelle Fahrgeschäfte und Marktstände aller Art – nicht zuletzt solche mit kulinarischen Köstlichkeiten.

www.knabenschiessen.ch

ZÜRI WIESN

Dirndl, Lederhose, Bierzelt, Musik, Maßkrüge für den Gerstensaft, alles da! Ob das Feeling auf Zürichs „Oktoberfest" genauso ist wie in München, findest du am besten selbst heraus. Es geht jedenfalls hoch her und die Partylaune ist gewaltig.

www.zueri-wiesn.ch

DEZEMBER

CHRISTKINDLI MARKT

Vom 1. Advent bis Heiligabend verzaubert dich dieser wunderschöne Weihnachtsmarkt am Hauptbahnhof. Ganz besonders funkelt und strahlt der 15 m hohe Weihnachtsbaum, der mit unzähligen Swarovski-Kristallen dekoriert ist! Die Buden locken mit süßen oder herzhaften Leckereien, heißem Glühwein und hübschen Weihnachtsaccessoires und -geschenken. Mehr dazu auf S. 24.

www.christkindlimarkt.ch

SILVESTERLAUF

Hier kannst du an einem wirklich einmaligen Lauferlebnis teilhaben. Der Volkslauf führt über eine Strecke von 8,3 km durch den idyllischen Ichelpark und hoch auf den Zürichberg. Ein sportlicher Silvesterspaß – auch an der Strecke.

www.silvesterlauf.ch

SILVESTERZAUBER

Ein kunstvoll arrangiertes Silvesterfeuerwerk erleuchtet den Himmel über dem Seebecken. Foodstände, Bars und Partys sorgen für eine mega Stimmung und gemeinsam mit 150 000 Leuten begrüßt du hier das neue Jahr auf äußerst stilvolle Weise. S-Bahnen, Trams und Busse fahren in der Silvesternacht übrigens bis 4 Uhr morgens.

www.silvesterzauber.ch

FESTIVALS

DIE FRAGE IST NICHT OB, SONDERN ZU WELCHEM FESTIVAL DU GEHST. ZÜRICH HAT, WIE BEI FAST ALLEN DINGEN, FÜR JEDEN ETWAS. WERDE EINS MIT DEN VIELEN VIBES DER STADT!

FESTIVAL M4MUSIC

Vier Tage lang beglückt das Electronic-, Indie- und Hip-Hop-Festival des Migros-Kulturproduzenten rund 2500 Fans. Auf der Bühne performen junge schweizer Musiker genauso wie internationale Acts. Bei der Demotape Clinic können die Stars von morgen ihre Titel einreichen, denn auch Networking wird hier großgeschrieben. An den Nachmittagen gibt's öffentliche Konferenzen zu kulturpolitischen Themen. Aufgetreten sind hier in den letzten Jahren Awolnation, Blood Red Shoes, Boy, Kettcar, La Colère, Mighty Oaks und viele mehr. Das Ganze steigt in Zürich in der denkmalgeschützten ehemaligen Industriehalle Schiffbau mit den Clubs Moods, Labor und Exil.

www.m4music.ch

OPENAIR FRAUENFELD

Das größte Hip-Hop-Festival Europas ist der Pilgerort für die Szene: 185 000 Besucher kamen 2019 nach Frauenfeld auf die Wiesen der Großen Allmend im Kanton Thurgau, um sich von den Beats davontragen zu lassen. Hier spielten in den letzten Jahren Kendrick Lamar, Nicki Minaj, 50 Cent, Cardi B, Eminem und viele andere mehr. Die Tickets sind schnell weg, also früh buchen, am besten mit Camping-Option, dann bist du immer sofort am Festivalgelände. Tauche ein in die Massen, tanze und feiere das Leben. Der Vibe hier ist echt gewaltig. Die Bahn braucht 45 Minuten nach Frauenfeld.

www.openair-frauenfeld.ch

LOW-BUDGET-TIPP

Lust auf die größte House- und Techno-parade der Welt? Dann auf zur Street-parade (S. 138)!

ZUERICH OPENAIR

Vier Tage im August steigt vor den Toren der Stadt in der Nähe des Flughafens die Party mit insgesamt rund 80 000 Fans. Auf diesem Festival kommen die verschiedensten Genres auf die drei Bühnen: Rock, Pop, Indie, Electronic und Hip-Hop. Angesagte Musik und neueste Trends, probiere einfach alles mal durch. In den vergangenen Jahren spielten hier u. a. Calvin Harris, The Chainsmokers, Die Ärzte, Imagine Dragons, Kraftwerk, Libertines, Mumford & Sons und Rita Ora. Zudem gibt's Zirkuskünstler und ein gigantisches Spektrum an internationalen Gerichten. Gleich neben dem Festivalgelände liegt ein super Campingplatz. Da werden Träume wahr!

www.zurichopenair.ch

STOLZE OPENAIR

Ein Festival zum Schwärmen: freier Eintritt, tolle musikalische Acts und kulinarische Köstlichkeiten. Dazu gibt's viel weitere Action, z. B. ein Jass-Turnier (Jassen ist ein Kartenspiel). Die Stimmung ist entspannt. Das Event hat sich von einem kleinen Quartiersfest zu einem zweitägigen Festival entwickelt, hier treffen sich die Locals, Familien und Zürcher Musikfreaks. Am besten kommst du zu Fuß, mit dem Velo oder öffentlich zur Stolzewiese im Kreis 6: Haltestelle Seilbahn Rigiblick.

www.stolze-openair.ch

HEITERE OPEN AIR

Auf dem Heitere-Platz in Zofingen steigt an einem langen Wochenende im August drei Tage lang die Mega-Party. Auf vier Bühnen und dem Campfire spielen heimische und internationale Künstler großartigen Rock und Pop. Im August 2022 kannst du das nächste Mal in Zofingen abtanzen. Erwartet werden dann (und spielen hoffentlich auch): Kontra K, Alle Farben, Trettmann, Sido, Rea Garvey, Alice Merton, Johannes Oerding, James Arthur.

Das Festivalgelände und der Campingplatz grenzen an ein Naturschutzgebiet mit wunderbarer Landschaft – herrlich zum Entspannen für zwischendurch. Für Action sorgen ein Spiel-Träff, eine Tyrolienne, Minigolf und eine Slackline. Am besten kommst du mit den Öffentlichen zum Bahnhof Zofingen (45 Minuten von Zürich), dort gibt es einen Shuttle zum Festivalgelände.

www.heitere.ch

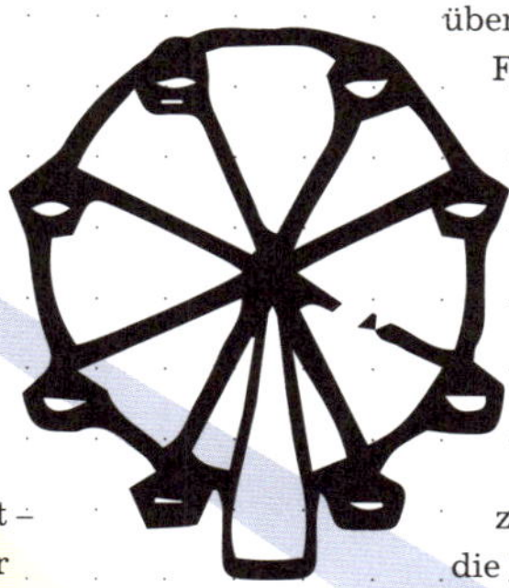

Love is in the air

OPENAIR ST.GALLEN

Seit über 40 Jahren ein gigantisches Festival. Rund 100 000 Besucher feiern hier vor den diversen Bühnen, auf denen Rock, Pop, Indie und Hip-Hop erklingen. Auf der Sitterbühne steigen ab Freitagnachmittag die Hauptacts. 2021 sollten hier beispielsweise spielen: AnnenMayKantereit, Deichkind, Placebo, Kontra K, Mando Diao, Of Monsters And Men, SDP, Von Wegen Lisbeth. Die Sternenbühne, eine Zeltbühne, ist für angesagte junge Bands reserviert – von hier aus sprang beispielsweise Ed Sheeran auf die großen Bühnen der Welt. Die neue Zeltbühne INTRO steht für neue Musik – also lass dich überraschen.

Falls du mal eine Musikpause brauchst, bummelst du durchs Containerdorf „The Village", wo junge Schweizer Designer und Designerinnen ihre Werke präsentieren. Wie wäre es mit einem stylishen temporären Tattoo? Um Energie zu tanken kostest du dann die kulinarischen Spezialitäten aus aller Welt, zubereitet aus lokalen Produkten.

Von Zürich fährst du mit dem Zug eine Stunde nach St. Gallen und nimmst dann den Bus zum Festivalgelände.

www.openairsg.ch

ZVV Stadt Zürich | Zurich City

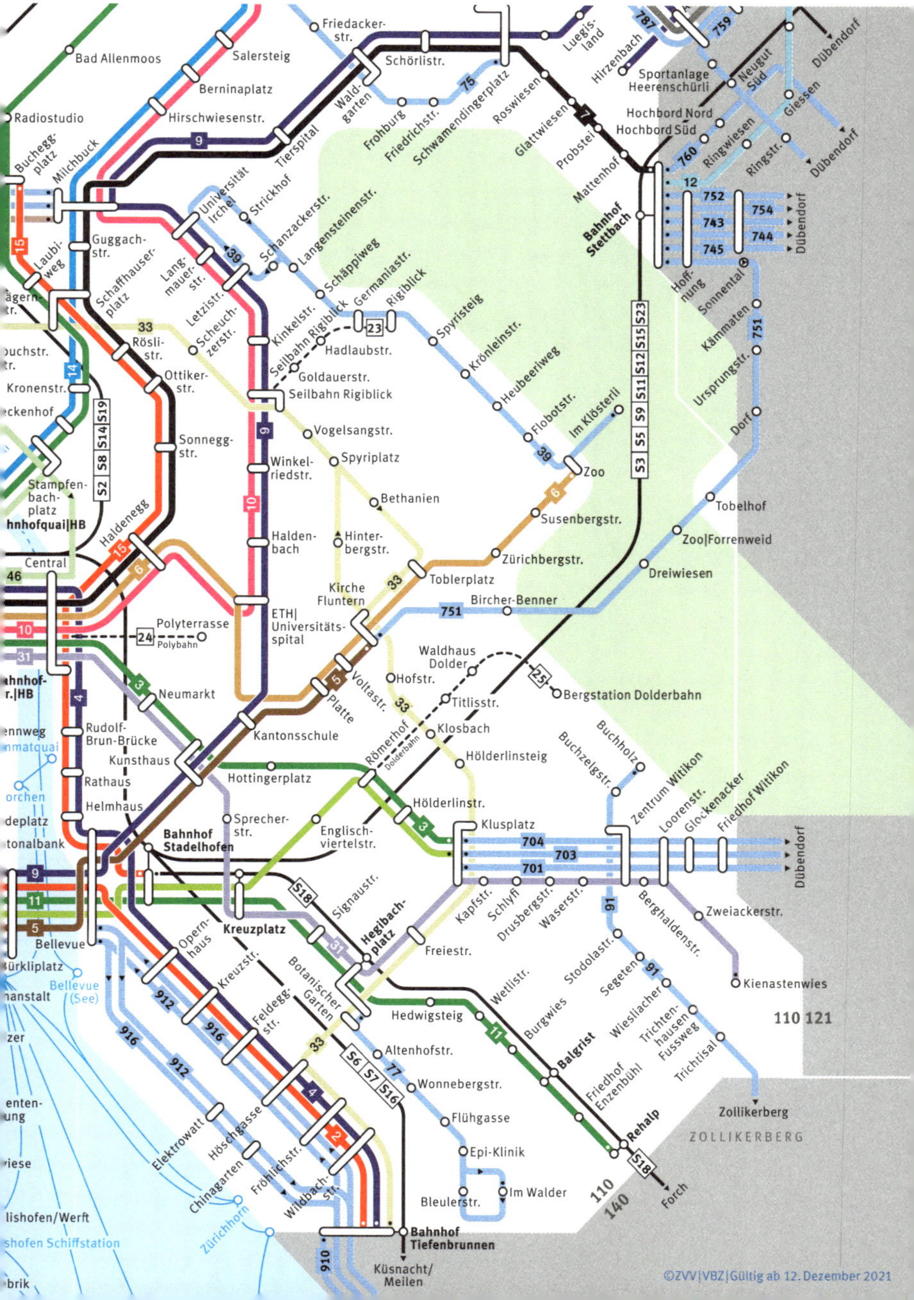
Bad Allenmoos
Radiostudio
Bucheggplatz
Milchbuck
Salersteig
Berninaplatz
Hirschwiesenstr.
Friedackerstr.
Schörlistr.
Waldgarten
Frohburg
Friedrichstr.
Schwamendingerplatz
Roswiesen
Glattwiesen
Probstei
Mattenhof
Luegisland
Hirzenbach
Sportanlage Heerenschürli
Neugut Süd
Hochbord Nord
Hochbord Süd
Ringwiesen
Ringstr.
Giessen
Dübendorf
Bahnhof Stettbach
Hoffnung
Sonnental
Kämmaten
Ursprungstr.
Dorf
Tierspital
Universität Irchel
Strickhof
Schanzackerstr.
Langensteinenstr.
Schäppiweg
Germaniastr.
Rigiblick
Guggachstr.
Schaffhauserplatz
Langmauerstr.
Letzistr.
Scheuchzerstr.
Kinkelstr.
Seilbahn Rigiblick
Hadlaubstr.
Goldauerstr.
Spyristeig
Krönleinstr.
Heubeeriweg
Flobotstr.
Im Klösterli
Zoo
Laubiweg
Röslistr.
Ottikerstr.
Kronenstr.
Stampfenbachplatz
Sonneggstr.
Vogelsangstr.
Spyriplatz
Winkelriedstr.
Bethanien
Haldenegg
Haldenbach
Hinterbergstr.
Susenbergstr.
Zürichbergstr.
Tobelhof
Zoo|Forrenweid
Dreiwiesen
Central
Tobelplatz
Kirche Fluntern
Bircher-Benner
ETH|Universitätsspital
Polyterrasse
Polybahn
Waldhaus Dolder
Hofstr.
Bergstation Dolderbahn
Neumarkt
Voltastr.
Platte
Titlisstr.
Kantonsschule
Klosbach
Rudolf-Brun-Brücke
Kunsthaus
Hölderlinsteig
Römerhof
Dolderbahn
Buchholz
Buchzelgstr.
Rathaus
Hottingerplatz
Helmhaus
Hölderlinstr.
Zentrum Witikon
Loorenstr.
Glockenacker
Friedhof Witikon
Sprecherstr.
Englischviertelstr.
Klusplatz
Bahnhof Stadelhofen
Bellevue
Bellevue (See)
Kreuzplatz
Signaustr.
Hegibachplatz
Kapfstr.
Schlyfi
Drusbergstr.
Waserstr.
Berghaldenstr.
Zweiackerstr.
Kienastenwies
Opernhaus
Kreuzstr.
Freiestr.
Botanischer Garten
Wetlistr.
Stodolastr.
Segeten
Feldeggstr.
Hedwigsteig
Burgwies
Wiesliacher
Trichtenhausen Fussweg
Trichtisal
Altenhofstr.
Balgrist
Wonnebergstr.
Friedhof Enzenbühl
Zollikerberg
ZOLLIKERBERG
Elektrowatt
Höschgasse
Flühgasse
Rehalp
Chinagarten
Fröhlichstr.
Epi-Klinik
Wildbachstr.
Bleulerstr.
Im Walder
Forch
Zürichhorn
Bahnhof Tiefenbrunnen
Küsnacht/Meilen
110 121
110
140
©ZVV|VBZ|Gültig ab 12. Dezember 2021

MAKE IT YOURS!

LEAVE ONLY
Footsteps
TAKE ONLY
Memories.

HALT SIE FEST! DEINE GANZ PERSÖNLICHEN HOTSPOTS, GEHEIMTIPPS & ERINNERUNGEN.

Vor der Reise

NICHT VERGESSEN!

Lieblings
Ort

NICE!

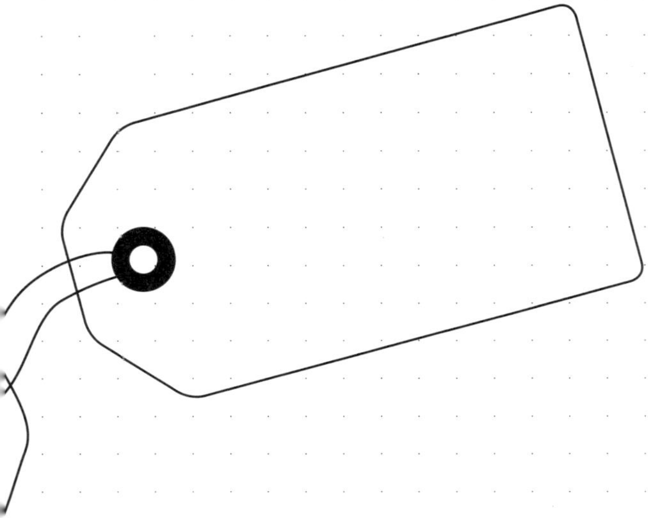

FÜRS NÄCHSTE MAL MERKEN

Do

Don't

WERDE ZUM

RESTAURANTKRITIKER Zürich

RESTAURANT / CAFÉ

ORT / DATUM

GERICHT

KOMMENTAR

☆☆☆☆☆ EMPFEHLENSWERT YES ☐ NO ☐

RESTAURANT / CAFÉ

ORT / DATUM

GERICHT

KOMMENTAR

☆☆☆☆☆ EMPFEHLENSWERT YES ☐ NO ☐

RESTAURANT / CAFÉ

ORT / DATUM

GERICHT

KOMMENTAR

☆☆☆☆☆ EMPFEHLENSWERT YES ☐ NO ☐

RESTAURANT / CAFÉ

ORT / DATUM

GERICHT

KOMMENTAR

☆☆☆☆☆ EMPFEHLENSWERT YES ☐ NO ☐

Yummy, Yummy!

RESTAURANT / CAFÉ

ORT / DATUM

GERICHT

KOMMENTAR

☆☆☆☆☆ EMPFEHLENSWERT YES ☐ NO ☐

RESTAURANT / CAFÉ

ORT / DATUM

GERICHT

KOMMENTAR

☆☆☆☆☆ EMPFEHLENSWERT YES ☐ NO ☐

RESTAURANT / CAFÉ

ORT / DATUM

GERICHT

KOMMENTAR

☆☆☆☆☆ EMPFEHLENSWERT YES ☐ NO ☐

RESTAURANT / CAFÉ

ORT / DATUM

GERICHT

KOMMENTAR

☆☆☆☆☆ EMPFEHLENSWERT YES ☐ NO ☐

RESTAURANT / CAFÉ

ORT / DATUM

GERICHT

KOMMENTAR

☆☆☆☆☆ EMPFEHLENSWERT YES ☐ NO ☐

RESTAURANT / CAFÉ

ORT / DATUM

GERICHT

KOMMENTAR

☆☆☆☆☆ EMPFEHLENSWERT YES ☐ NO ☐

RESTAURANT / CAFÉ

ORT / DATUM

GERICHT

KOMMENTAR

☆☆☆☆☆ EMPFEHLENSWERT YES ☐ NO ☐

We love
Zürich!

BILDNACHWEIS

Fotos: 2021 Gärtnerei (79); Aqua-Spa-Resorts AG (89); Bar Sacchi (126); Bauschänzli (36); Café des Amis (78); Chäs Chäller – Urban Food Store (56 r.); Fabrikat (65 u.); Fischer´s Fritz (101); FreezingLightStudio: Stephan Sonderegger (65 o.); Gelati am See (98); Hiltl (20–21); huber-images: Massimo Ripani (110); iStock: thamerpic (48 u.); Kafi Dihei (128); Kafischnaps (76); laif: Pierre Adenis (92), Gregor Lengler (108/109); laif/Le Figaro Magazine: Roberto Frankenberg (88 u., 117 l.); laif/Keystone Schweiz: Gaetan Bally (112), Christian Beutler (109); mauritius images: Werner Dieterich (88 o.); mauritius images/Alamy/Stockimo: adoubleuu (58, 59); mauritius images/epa creative (66); mauritius images/Keystone (86 o., 117 r.); mauritius images/Prisma (55); mauritius images/Westend61 (44/45); Monocle (102); picture-alliance/Keystone: Walter Bieri (24/25), Ennio Leanza (64, 120); Poushe: Dominik Lindegger (96); Raclette Stube (56 l.); Shutterstock: Aldina Abaza (16), Michael Derrer Fuchs (51, 114 o.), Anton Ivanov (39), Mario Krpan (26, 75), Denis Linine (48 o.), Oscity (72), Claudine Silaho Weber (25 r.), Agnieszka Skalska (25 l., 50/51), theshortbishop (93), unchalisa (114 u.); Soeder (132/133, 133); Stripped Pizza (100); Larisa Topalo (Cover, Rückcover, 3, 4, 11, 12, 17, 18, 22, 23, 27, 28, 30, 32, 33, 34, 35, 38, 40, 44, 46, 47, 52, 53, 54, 60, 62, 63, 70, 73, 80, 84, 85, 90, 91, 94, 95, 99, 104, 113, 116, 118, 119, 122–123, 124, 127, 129, 131, 158); Verein Zürcher Brockenhaus (132); Ziegel oh lac (86 u.); Zürich Tourismus: Pascal Mora (74)

IMPRESSUM

1. Auflage, September 2021
ISBN | 978-3-8283-0975-3

Konzeption & Chefredaktion | Selina Louise Missel
Co-Autorin | Larisa Topalo
Produktion | red.sign GbR, Stuttgart
Design & Illustration | Ina-Marie Inderka
Kartografie | Hallwag Kümmerly+Frey AG

Printed in Italy

Sag uns deine Meinung!

Egal, ob du uns von deinem schönsten Urlaubsmoment, dem besten Foodspot oder der coolsten Foto-Location erzählen willst, schreib uns unbedingt! Natürlich freuen wir uns auch über Lob und Kritik zu unseren TravelBooks.

hello@guideme.ch

Hinweis

Dieser Reiseführer wurde natürlich mit allergrößter Sorgfalt und viel Herzblut für dich erstellt und recherchiert, allerdings können dem größten Streber Fehler unterlaufen und manche Adressen und Gegebenheiten ändern sich schneller, als man denkt. Deshalb müssen wir aus rechtlichen Gründen betonen, dass inhaltliche und sachliche Fehler leider nicht ausgeschlossen werden können. Alle Angaben sind ohne Gewähr des Autors oder des Verlages und somit besteht keine Haftung. Sollten dir allerdings Fehler auffallen, freuen wir uns über eine Nachricht von dir an hello@guideme.ch. PS.: Einen kleinen „Fehler-Finderlohn" gibt's dann natürlich auch von uns!

@guideme_travel | www.guideme.ch